# Au fil du temps (vol. II)

Billets de réflexion chrétienne

Édition : BoD – Books on Demand, info@bod.fr
Impression : BoD – Books on Demand,
In de Tarpen 42, Norderstedt (Allemagne)
Impression à la demande
ISBN : 978-2-3220-8200-1
Dépôt légal : **Février 2023**

# Introduction

En janvier 2022, je faisais paraître chez BoD un recueil d'articles parus sur mon blog *Proveritate* jusqu'en 2016 (avec une exception, le dernier qui annonçait un volume II), sous le titre très alambiqué de « *Le pensable et l'impensable (vol. I)* ».

Nous voici en 2023, et le nombre d'articles du blog a sérieusement augmenté. Et un très grand nombre d'entre eux me semble, tant pis si cela paraît prétentieux, garder toute leur pertinence. Je vous propose donc le volume II, sous un titre plus sympathique : « *Au fil du temps (vol. II)* ». Il comprend 26 articles.

Pourquoi reprendre ces articles, toujours lisibles sur mon blog ? Pas seulement en raison de leur actualité persistante, mais parce que l'expérience de n'importe quel internaute est que ce qui est publié en ligne disparaît très vite dans le fond de l'outil informatique utilisé.

Le livre constitue une bien meilleure mémoire, même s'il finit dans les rayons d'une bibliothèque. Celui-ci intègre des billets publiés entre mars 2017 et mars 2018. Mon blog comportant des articles écrits encore tout récemment en 2023, il faudra nécessairement un jour un volume III, ou même IV.

En attendant, voilà déjà le deuxième recueil qui ne devrait pas vous décevoir.

# Le péché du monde

## 14 mars 2017

Tous les confesseurs en font au moins une fois, et souvent beaucoup plus, l'expérience : voici un pénitent qui annonce d'emblée « mon père, je ne fais pas de gros péchés et, à vrai dire, je n'en vois pas beaucoup que je puisse accuser ». Une de mes réponses est alors la suivante : « Quelle lumière avez-vous braqué sur votre vie ? Une lampe de poche ou un projecteur de 1000 watts ? Dans le premier cas, vous ne verrez rien du tout, dans le deuxième, vous allez découvrir des tas de poussières, ou de salissures, que vous n'auriez pas vues autrement. Braquez donc, avec l'évangile et dans la prière, la lumière du Christ sur vous, non celle de votre modeste entendement » …

Je ne renie pas cette réponse, qui « éclaire » souvent le pénitent. Mais au mieux, elle lui montrera ses propres péchés, et laissera dans l'ombre tout le « péché du monde », celui-là que porte Jésus selon l'évangile de Jean : « *Voici l'Agneau de Dieu qui porte le péché du monde* » (Jn 1,29). Et quand l'apôtre Pierre nous dit : « *c'était nos péchés qu'il portait lui-même en son corps* » (1 P 2,24 ; cf. Is 53,12), il parle lui aussi du péché du monde car, pour le dire avec saint Augustin, Jésus n'est pas cloué sur la croix pour ses propres péchés, pour le coup vraiment inexistants, mais pour ceux du « Christ total », du corps tout entier.

Dès lors, si nous voulons vraiment suivre le Christ, il nous faut arriver à reconnaître que le péché n'est pas seulement notre péché personnel, mais aussi le péché d'un Corps entier dont nous sommes les membres solidaires.

Solidaires peut-être, me dira-t-on, mais pas responsables : qu'ai-je à voir avec les exactions de Daesh ou les turpitudes de mes voisins ? Très heureusement rien directement, dans la plupart des cas, mais indirectement, la réalité pourrait être différente : ai-je pris le temps de m'informer, et d'agir à mon niveau, ai-je pris le temps de la prière pour les malheureux massacrés ou pour la conversion des bourreaux ? Ou bien encore, n'ai-je pas, par mon péché personnel, contribué au développement du péché du monde, en donnant le plus mauvais des exemples ?

Lorsqu'on lit la vie des grands saints, un fait m'a toujours frappé : ils ne se croient jamais purs de tout péché. Au contraire, alors qu'ils progressent en sainteté, ils s'estiment de plus en plus pécheurs... En fait, ils se rapprochent de la lumière du Christ, et du Christ lui-même auquel ils sont de mieux en mieux configurés et, avec lui, ils portent moins leurs péchés que celui du monde qui s'affiche en pleine lumière : comment alors pourraient-ils donc se sentir indemnes de tout péché ?

Allons-nous devoir, en ce temps de Carême, gratter en nous et autour de nous pour faire apparaître ce péché qui, trop souvent, nous échappe ? En aucun cas. J'ai parlé d'une lumière qui éclaire pour bien marquer que cette conscience du péché n'est pas d'abord notre œuvre, mais celle du Christ par son Esprit : c'est en nous rapprochant de Jésus, en vivant pleinement de sa vie que ce qui atteint son cœur atteindra aussi le nôtre. Sa prière deviendra notre prière : nous n'aurons à en chercher ni les intentions, ni les mots, ils nous seront donnés.

# Une eau qui ne tarit pas !

20 mars 2017 (prédication)

*A propos d'Ex 17 et de l'évangile de la Samaritaine, en Jn 4*

**M**es sœurs, chers amis, pour avoir vécu plusieurs années en Terre Sainte, je sais que l'eau y est un enjeu crucial, un bien commun de plus en plus rare et très injustement partagé. Un ami travaillant à l'agence du bassin de Midi-Pyrénées me disait un jour : les guerres d'aujourd'hui sont souvent déjà, ou seront de plus en plus, des guerres de l'eau. Je l'ai vu au Moyen-Orient, et je lisais récemment une dépêche parlant de la guerre de l'eau au Kenya, dans la vallée du Rift...

Il faut donc partager l'eau. Mais me direz-vous, là n'est pas le sujet puisque l'évangile de la Samaritaine s'intéresse moins à cette eau que l'on trouve dans un puits qu'à celle, toute spirituelle, que propose Jésus. C'est cette eau-là qu'elle a voulu partager, et elle n'a pas hésité pour cela à laisser sa cruche au puits pour retourner à son village annoncer la bonne nouvelle de celui qui lui a dit tout ce qu'elle avait fait et qui serait peut-être le Christ ? Oui, c'est vrai, la soif physique et la soif spirituelle sont deux choses différentes, mais elles entretiennent pourtant un vrai rapport.

En premier lieu, faut-il le rappeler, parce que celui qui a vraiment soif, comme celui qui a vraiment faim, n'aura de cesse de satisfaire sa soif et sa faim, avant de pouvoir écouter de pieuses paroles sur la soif spirituelle : si la Samaritaine a pu écouter Jésus, et si Jésus a pu l'entretenir longuement de la soif spirituelle, alors qu'il faisait très chaud, c'est parce qu'elle ne souffrait pas d'une soif physique. Mais l'on peut penser que Jésus aurait eu à son égard une attitude et un discours bien différents si cette Samaritaine l'avait rejoint en mourant de soif. Il serait indécent d'aller tenir des discours pieux à des gens en manque physique, et Dieu sait qu'il y en a aujourd'hui, sans chercher les moyens de les accueillir, de les vêtir, de les désaltérer, de les nourrir : l'économie du partage, un des enjeux du Carême, est aussi un des éléments de la recherche du bien commun.

Et tel est précisément le deuxième lien entre soif physique et soif spirituelle, à savoir que, pour l'une comme pour l'autre, l'économie du partage doit se traduire dans les faits. Si nous avons de l'eau en abondance, quelle que soit sa nature, physique ou spirituelle, ce n'est pas pour notre seule satisfaction personnelle, c'est pour en faire profiter ceux qui en ont besoin : comme le fait la Samaritaine sur la fin de notre évangile. Venez voir, dit-elle à ses amis, et plus encore, venez boire de cette eau vive !

Cette exigence du partage prend un accent particulier en Carême, elle doit le rester dans le temps ordinaire. Un tel partage n'est jamais facile, pour une raison très banale : l'homme est un être fini, qui a toujours peur de manquer ; et ce qui est donné aux autres lui paraîtra toujours renforcer ce manque. C'est vrai au plan matériel, c'est vrai aussi au plan spirituel. Mais là où l'homme se trompe, c'est en pensant qu'il doit donc garder pour lui ce qu'il a et en faire des réserves : ce qui est gardé de la sorte pourrit ou s'épuise beaucoup plus vite que l'on ne pense. En réalité, comme me le confiait un jour une amie en des termes très simples, « si tu veux que tes mains se remplissent, il faut d'abord qu'elles soient vides ».

Mais qui peut donc les remplir régulièrement, et de manière durable, sinon notre Seigneur ? Jésus vient de nous parler d'une « eau jaillissant en vie éternelle » : non pas d'un lac plus ou moins statique, mais d'un jaillissement et donc d'un renouvellement constant. Comment ne pas penser à cette mesure secouée, tassée, débordante, dont il est question ailleurs dans l'évangile ? Et dont nous avons un exemple dans l'Ancien Testament avec cette veuve de Sarepta qui offre au prophète Elie ce qui lui reste de sa jarre de farine et de sa cruche d'huile : jarre et cruche se remplissent au moment même où elles se vident, dans le partage.

Telle est la caractéristique du don de Dieu, il ne s'épuise jamais, parce que Dieu lui-même jamais ne s'épuise. Nous sommes donc invités au partage au risque de n'avoir plus rien pour nous : n'ayons pas peur, faisons confiance au Seigneur pour que nos jarres, nos cruches et nos mains se remplissent au fur et à mesure qu'elles se videront.

# Parler pour ne rien dire

27 mars 2017

Tout le monde l'a constaté et s'en plaint : la campagne électorale française atteint un niveau jamais atteint... de vide ! Les insinuations, les procès, les agressions verbales ont presque totalement remplacé les débats : on en veut aux candidats, on en veut aux médias, mais je crois que la responsabilité incombe aussi à chacun de nous. Ce qui se passe en effet sur la scène publique n'est que le reflet de ce qui se passe un étage plus bas, dans les courriers des lecteurs, dans les échanges quotidiens où l'on ne fait que rapporter, dans l'urgence et sans aucune distance critique ni rigueur, des propos que l'on vient de lire ou d'entendre : la fameuse désinformation touche tout le monde...

Avant de parler, me disait mon père, "*tourne sept fois ta langue dans ta bouche*". Vieux conseil qui garde toute son actualité, mais qu'il faut sans doute préciser : le sujet sur lequel tu veux intervenir en vaut-il la peine ? As-tu vraiment quelque chose à dire qui puisse faire avancer le débat ? Ce qui me frappe dans le débat politique actuel, ou plutôt son absence que tout un chacun dénonce, c'est que le vrai sujet est esquivé : je ne parle pas ici des méthodes et moyens économiques ou politiques, mais plus fondamentalement du sens de notre société et de notre vie ! En d'autres termes, que voulons-nous ? Pour nous, pour nos familles, pour nos sociétés, pour notre pays ? Bien sûr, le sujet est immensément large, mais en fait, c'est lui et lui seul qui nous préoccupe, bien plus que le taux de TVA ou le nombre de fonctionnaires à remplacer dans les cinq années qui viennent.

Il y a un domaine où se manifeste très bien ce changement de perspective, et cette radicale nécessité de repenser les choses à partir des racines et non en aménageant tant bien que mal les superstructures, c'est l'Europe : elle est malade de ses réglementations abusives, de ses effectifs pléthoriques, ou que sais-je encore, mais elle l'est surtout de la perte de sens ; les pères fondateurs l'ont voulue dans un certain contexte, lequel a complètement changé, et personne n'ose ou n'a les moyens de la repenser.... Du coup, comment s'étonner que certains proposent, à tort à mon humble avis, de jeter le bébé avec l'eau du bain ?

Non, personne n'ose parler des vrais sujets, mais il faut sans doute y voir le signe que nul ne sait vraiment ce qu'ils sont, comment les aborder, et n'a de solutions à proposer : ce pourrait être une chance, l'occasion d'une vraie réflexion, mais hélas ! le vide est bien présent là aussi. A quelques exceptions près, les protagonistes n'ont ni la compétence ni la "carrure" suffisantes pour se situer au niveau souhaité. Alors, l'esquive ou le flou sont de rigueur : la pensée va et vient au fil des attentes supposées des uns et des autres, en restant à la surface des choses, on va de l'avant sans avoir aucune idée de la route à suivre. La pensée politique, mais plus encore la pensée philosophique et la pensée spirituelle sont au mieux congédiées, au pire totalement absentes des échanges et débats, et chacun de flotter au fil du courant sans aucun gouvernail...

D'une certaine manière, ce vide est une chance pour l'Eglise, et pour l'évangile, et je ne m'étonne pas que le pape François soit l'un des rares dont la parole soit écoutée, y compris lorsqu'il parle de sujets apparemment aussi peu "ecclésiaux" que l'écologie ou l'Europe : car lui a compris à quel niveau se situe le désenchantement, et c'est à ce niveau-là qu'il se place. Lui a les moyens de le faire, en rappelant le sens plus qu'en apportant des réponses qui appartiennent à d'autres. Dire qu'il est entendu et suivi, c'est autre chose, tant la superficialité et le zapping, déjà dénoncé sur ce blog, reprennent vite la main !

Au temps de l'*Os à moelle*, Pierre Dac écrivait : "*Parler pour ne rien dire ou ne rien dire pour parler sont les deux principes majeurs de ceux qui feraient mieux de la fermer avant de l'ouvrir*". Quel dommage que cette pensée, que son auteur qualifiait il est vrai de loufoque, soit oubliée !

# Fiabilité de l'information

6 avril 2017

Nous le vérifions tous les jours, l'information juste, calibrée, vérifiée, devient de plus en plus difficile à trouver, quel que soit le circuit par lequel elle passe. Prenons l'exemple des informations venues de Syrie : on apprend tout récemment un événement horrible, qui s'ajoute à tant d'autres, à savoir qu'une attaque chimique aurait tué 86 personnes et en aurait blessé des centaines d'autres, dont des enfants... On va me reprocher d'utiliser des conditionnels : ce n'est pas une question de chiffres ; mais lorsqu'on sait que la guerre de l'information fait rage et se superpose sans cesse à la guerre de terrain, aucun circuit n'est sûr. Tant pour le contenu de l'information que pour la détermination éventuelle des responsabilités, même si l'information paraît maintenant avérée, et si la responsabilité du dictateur Assad est ici très probable.

Cette difficulté à recueillir une information fiable est d'autant plus grave que, le plus souvent, la décision dépend de l'information reçue : comment ne pas se souvenir que la guerre du Golfe a été déclenchée à partir d'une information biaisée sur des armes de destruction massive attribuées à Saddam Hussein ? L'information était fausse, même si l'homme n'en était pas moins un dictateur sanguinaire.

Certains mettent en cause la longueur du circuit emprunté par une information, difficilement vérifiable sur le terrain. Du coup, nous sommes de plus en plus souvent invités à préférer au circuit long le circuit le plus court possible, à nous (ré-) intéresser à l'information locale. Retour de balancier : après avoir voulu être planétaire, et l'être devenue, l'information tend à redevenir locale...

Le problème est que cette « relocalisation » ne garantit rien en termes de vérification : le circuit court est devenu le lieu du court-circuit, et la guerre y est tout aussi présente. Voyez dans les affaires politiques les plus récentes, avec des procès-verbaux d'audition qui parviennent aux journaux avant même que les « mis en cause » et les avocats de la défense n'en aient eu connaissance. Nul ne sait si ces procès-verbaux sont complets, ni ce que les interpellés ont développé dans leur défense etc. Aucune vérification possible ; là encore, certains font confiance, d'autres non, presque toujours en fait en fonction d'une opinion préétablie.

Il est clair que l'information, même en rétrécissant son espace, ne parvient pas, ou ne parvient plus, à garantir son objectivité ou sa qualité. Moins encore du même coup son éthique ! En fait, le problème n'a rien de nouveau : il n'y a pas d'information véritablement objective, et la question essentielle est celle de la confiance que l'on accorde, en fonction de divers critères souvent personnels, à celui, ou au média, qui propose l'information.

Pour moi qui me veux chrétien, disciple de Jésus, je fais confiance à la parole des évangiles : mais cette même parole apparaîtra biaisée, peu fiable, à tel de mes amis qui lit et reçoit ces paroles autrement que je ne le fais. Je peux bien sûr, et c'est éminemment souhaitable, préciser mes raisons autant que possible, apporter des arguments justifiant la confiance que j'accorde, et l'ami apporter inversement des arguments qui éclaireront sa méfiance, mais ces arguments, dans un sens ou dans l'autre, ne suffiront pas à emporter l'adhésion. D'une certaine manière, nous allons nous retrouver dans la situation biblique bien connue où le vrai prophète s'oppose au faux prophète : ce qui va finalement donner raison à l'un plutôt qu'à l'autre dépendra en premier lieu de la confiance que l'on accorde à l'un ou à l'autre, et le cas échéant de la réalisation ou non de la prophétie. Vérification a posteriori dès lors que la confiance n'est pas au rendez-vous initial.

La question se déplace : qu'est-ce qui peut générer et justifier la confiance ? La réponse est simple : la fréquentation, l'échange, osons le mot "l'amitié", finalement quelque chose qui ne peut s'éprouver que dans le contact fréquent et la durée, avec les épreuves traversées pour ciment. Rien d'étonnant dès lors à ce que nous-mêmes, les médias et les politiques, tous ceux qui jouent trop souvent aujourd'hui dans la cour de l'immédiateté, de l'éphémère, du provisoire, du sensationnel, ne bénéficient plus guère de cette confiance. Sous le règne de l'urgence et de la consommation effrénée, la culture Facebook, Snapchat, Instagram et autres, a malheureusement trop souvent remplacé celle des blogs culturels, des journaux et mensuels de fond, et des livres...

# La vieille dame et la commerçante

## 21 avril 2017

Ce matin, lecture d'un post écrit sur sa page Facebook par Grégoire, un ami neurologue. L'histoire de cette vieille dame est tellement formidable et émouvante qu'elle a été relayée sur la page Facebook des Dominicains de Montpellier. Mais tout le monde n'a pas Facebook, alors voici l'histoire...

« Je soigne une patiente âgée, qui a perdu son mari il y a deux ans, qui n'a pas eu d'enfants, et qui se sent seule avec des neveux gentils avec elle mais assez absents. Elle vient me voir régulièrement pour une affection chronique peu évolutive. Elle me dit à chaque fois :

– « Docteur, je ne sais pas pourquoi le Bon Dieu me laisse sur terre. J'ai la sensation de ne plus servir à rien...... »

Je vois ce matin en consultation une commerçante du quartier. Elle a 40 ans, une vie très compliquée et assez triste, et une maladie neurologique menaçante et potentiellement très dangereuse. Nous discutons pendant l'examen et j'essaye de la consoler un peu. Et puis elle me dit :

– « En fait, j'ai un moment agréable dans ma journée de travail, et je crois que c'est un peu ça qui me fait tenir. Tous les jours, une charmante vieille dame vient faire ses courses dans mon magasin, et elle discute 10 minutes avec moi (et elle me décrit précisément la vieille dame de mon bureau) C'est la seule qui me regarde gentiment et qui fasse attention à moi, au moins je crois. Et c'est beaucoup vous savez, ça adoucit ma peine (sic) ».

Moi je crois savoir pourquoi le Bon Dieu garde avec nous la vieille dame, même si je ne peux pas lui dire.......

# Guillaume, pour son premier anniversaire

## 18 mai 2017

*Guillaume est un petit Genevois, porteur de trisomie 21, très présent sur mon blog. Sa maman Alexandra tient un blog magnifique sous son nom « Alexandra Stampfli Haenni ». Guillaume, qui a maintenant 7 ans en 2023, fêtait son premier anniversaire, et sa mère lui écrit.*

Un an ! ou... lettre à Petit frère...

Il y a un an mon bébé, je t'ai donné la vie... ou plutôt devrais-je dire, on m'a confié ta vie... tu as changé ma vie, nos vies...

Il y a un an Petit frère, je te voyais pour la première fois... il y a un an, je t'ai vu et j'ai pleuré... Ohhh rassure toi ! je n'ai pas pleuré de peur, ni d'angoisse, ni d'effroi ! J'ai pleuré parce qu'on t'a élevé au-dessus de moi... toi à peine né, toi qui quelques instants auparavant n'était pas encore toi... Et je t'ai vu... tout rose, tout rond, tout petit, si pur... Je m'en souviens comme si c'était hier... j'ai pleuré de te trouver si beau, si parfait ! Ohhh oui tu étais parfait ! Pourquoi alors avais-je eu si peur... ? A cet instant précis j'ai su que cette certitude vacillante qu'il y avait au fond de moi, que tu ne serais rien d'autre qu'un enfant, un petit bébé à apprivoiser... comme tous les bébés du monde entier... à cet instant j'ai su que cette certitude ne vacillerait plus! Tu étais là, tu étais toi... Comment pouvait-il en être autrement... ? cela ne se pouvait pas... Je t'ai regardé et j'ai été illuminée. Tu n'as eu besoin d'aide ni pour respirer, ni pour t'alimenter... tu ne demandais simplement qu'à être aimé ! et je crois aussi qu'à pouvoir aimer !

Guillaume, un an déjà que tu nous offres ta douceur, ta joie, le bonheur ! Je pourrais t'écrire des pages et des pages... de tout ce que tu as apporté dans nos vies... De toutes ces rencontres que tu nous as offertes par ce chromosome en plus qui nous faisait si peur! Tous ces clins d'œil, ces « clins de vie » ... Tant de petits bonheurs qui font déborder nos cœurs ! Alors oui je le dis : il n'y a pas de hauts ou de bas ! Il y a notre vie, avec ta vie... et comme toute vie... elle se construit, avec ce que l'on est, ce que tu es, ce que le monde est... Et ce tout mis ensemble... c'est cela le bonheur !

Mon bébé... un an déjà c'est... 12 mois... 12 mois de bonheur, de tendresse, d'amour, de joies, de douceur, de sourires... Ahhh ! tes sourires petit bonhomme ! Je peux le dire sans trop risquer de me tromper, qu'ils parviennent à faire fondre beaucoup de cœurs enneigés !

Petit frère... tu as un an... Alors laisse-moi te dire et te redire: ne laisse jamais personne te faire croire que tu vaux moins que quelqu'un d'autre! ne laisse jamais quiconque t'empêcher de croire et d'espérer! ne laisse personne t'enlever tes rêves... tes rêves d'enfant, de grand, d'adulte... Je te l'ai promis et te le re promets aujourd'hui : je ferai tout ce que je peux pour que tu puisses vivre... simplement heureux !

Guillaume, « mon Guillaume » comme le dit ta super grande sœur ! Ce soir tu étais tout agité ! Comme elle tu ne t'es endormi qu'à presque minuit ! Était-ce le souvenir de ta dernière nuit bercé dans l'eau de ton petit nid maternel ? ou la demie mandarine que tel un petit gourmand tu as dévoré à 22h... en souriant à ta maman qui, si émerveillée de te voir si bien mâcher ... en a oublié qu'elle n'était pas obligée de te sur stimuler... !

BBGuillaume... aujourd'hui tu as un an... Joyeux anniversaire Petit frère ! Continue à grandir si bien, à ton rythme, un peu plus lent j'en suis consciente mais... baigné d'Amour tu progresses, tu t'éveilles et m'émerveilles, chaque jour tu m'émeus et... tu souris à la Vie alors... Merci !!!

*Pour le bibliste que je suis, comment ne pas penser à l'évangile, en guise de commentaire, mais non de conclusion :*

*« Les justes lui diront : Seigneur, quand nous est-il arrivé de te voir affamé et de te nourrir, assoiffé et de te désaltérer, étranger et de t'accueillir, nu et de te vêtir, malade ou prisonnier et de venir te voir ?*
*Et le Roi leur fera cette réponse : En vérité je vous le dis, dans la mesure où vous l'avez fait à l'un de ces plus petits de mes frères, c'est à moi que vous l'avez fait. » (Mt 25,37-40)*

# Faut-il faire des lentilles tout un plat ?

24 mai 2017

Pour le bibliste, évoquer un plat de lentilles n'a rien d'une nostalgie culinaire, mais renvoie à l'attitude d'Ésaü qui, affamé au retour d'une chasse, vend son droit d'aînesse à Jacob pour un plat de lentilles (Gn 25). L'histoire a donné naissance à l'expression « vendre son âme pour un plat de lentilles », qui évoque une attitude inconstante et vénale, et plus largement une forme d'infidélité.

Dans les circonstances électorales actuelles qui sont celles de la France, où le président cherche à constituer la coalition la plus large, nombre de commentateurs ont donc estimé que ceux qui répondent positivement à l'appel qui leur est fait de rejoindre la nouvelle majorité, ne sont rien d'autres que de nouveaux Ésaü, le plat de lentilles étant désormais remplacé par un maroquin ministériel. Ces Ésaü ont leurs justifications, et il ne s'agit pas pour moi ici d'en juger, mais simplement de rappeler que l'histoire d'Ésaü n'est pas que de l'histoire ancienne : elle trouve des prolongements sous des formes très diverses, en particulier dès lors qu'une attitude donnée paraît ressortir de l'infidélité et être commandée par l'appât d'un gain.

Il existe donc aujourd'hui encore des compromissions multiples (passe-droits, dissimulations fiscales, emplois au noir etc.), à peine sensibles, presque quotidiennes, qui pourraient bien eux aussi être assimilées à des lentilles. Il faut les fuir, elles sont dommageables en soi, même s'il est vrai que leur retentissement dans nos vies est variable selon les faits et les personnes : certains en feront donc tout un plat, d'autres non. Je vais en donner un tout petit exemple vécu qui paraîtra sans doute banal et même sans intérêt à bien des lecteurs : mais je le choisis précisément en raison de l'insignifiance qu'il va revêtir pour beaucoup.

L'an dernier donc, alors que je mettais la dernière main à la publication de mon livre « *Combat* », mon éditeur souhaitait donner un titre anglais, plus « accrocheur » à cet ouvrage, en espérant capter ainsi un public plus large. Sur un point apparemment aussi secondaire, beaucoup auraient accepté cette proposition, à laquelle pourtant j'ai résisté de toutes mes forces : outre que, même parlant très correctement l'anglais, je suis un défenseur résolu de la langue française, j'estimais que la proposition n'était pas conforme à l'objet du livre, à son contenu, et que la proposition n'avait d'autre raison d'être que « marketing ».

Question de fidélité et de cohérence, l'affaire n'avait rien de mineur pour moi. J'ai fini par « emporter le morceau », tout en sachant bien que, de la sorte, je réduisais peut-être considérablement les ventes attendues : je ne sais ce qu'il en a été réellement, mais je sais gré à l'éditeur de m'avoir suivi.

Peut-être certains me taxeront-ils de rigoriste, estimant qu'il y a des choses plus importantes dans la vie et qu'il ne faut pas faire de n'importe quelles lentilles tout un plat : je le concède volontiers. Mais lorsqu'on a le choix, lorsque rien ne nous presse, lorsqu'on prend conscience que le glissement est facile de telle compromission à telle autre, faut-il négliger ces petites et multiples occasions de manifester sa fidélité à un enjeu, un engagement, une pensée, un être humain, un conjoint, et bien sûr à Dieu ? Je repense à ce que nous dit Jésus dans l'évangile : « *Bon et fidèle serviteur, tu as été fidèle en peu de choses, sur beaucoup je t'établirai ; viens te réjouir avec ton maître* » (Mt 25,21).

# Prométhée est-il l'avenir de l'homme ?

### 8 juillet 2017

Jupiter, Hermès, et d'autres, voici que dans le monde politique des attributions inattendues revoient le jour et une interrogation fleurit : au-delà de ceux qu'elles visent, la résurgence de ces attributions n'est-elle pas le signe évident, parmi beaucoup d'autres, que notre monde occidental se paganise ? Alors, quitte à aller dans ce sens, convoquons d'urgence le rival de Zeus et des dieux auxquels il a volé le feu céleste, Prométhée, créateur et bienfaiteur de l'homme : il est clairement la figure emblématique de ce monde technologique qui voit en lui son avenir.

Dans le Prométhée enchaîné d'Eschyle, il « paraît comme le père, de toute civilisation : il a donné aux hommes le feu qui leur fera trouver beaucoup d'arts ; il leur a enseigné à se construire des habitations, à observer les astres, à distinguer les saisons, à accoupler les animaux sous le joug, à atteler les coursiers, à exploiter les mines ; il a inventé l'écriture, la science des nombres la médecine, l'art nautique, la divination » (cf.
*http://www.cosmovisions.com/$Promethee.htm*).

Et aujourd'hui, on pourrait ajouter qu'il leur a aussi donné les « progrès » de l'avortement, de l'intelligence artificielle, de la procréation médicalement assistée, de la gestation pour autrui, de la puce électronique complémentaire du cerveau etc. Et la liste ne va pas manquer de s'allonger au cours des années à venir, dans la mesure où tout ce que permet la technologie trouvera toujours des occasions et des justifications pour se faire.

Face à lui, Jésus n'est plus aujourd'hui qu'un « petit joueur » : il appelle certes Dieu son « Père », mais il n'est pas un Titan. Il s'est fait connaître dans la condition de l'homme mortel, il se présente comme l'ami des petits et des pauvres (Mc 9,37...), il guérit des malades mais n'offre à la majorité d'entre eux que le dérisoire pardon de leurs péchés (Mc 2,9), il invite les hommes à prendre leur croix et à le suivre (Mc 8,34) au lieu de les en débarrasser, il meurt sur cette croix. Quelle déception ! Certes, ses disciples le disent ressuscité, mais quel crédit peut-on leur apporter ? Surtout lorsqu'on constate que les disciples en question résistent à voir dans les « progrès » évoqués plus haut les gages d'un vrai bonheur, et considèrent même l'usage désordonné de certains d'entre eux comme des régressions.

On l'aura compris, ce sont aujourd'hui deux visions du monde qui s'opposent, et la majorité de nos contemporains paraissent avoir choisi la première, Prométhée est largement gagnant, le paganisme triomphe. A ce point que les chrétiens sont numériquement en net recul, que leurs positions perdent de multiples appuis législatifs, que leur parole ne trouve pas beaucoup d'écho.

Une telle situation n'est bien sûr guère confortable pour eux, mais en profondeur elle a toujours été leur lot, elle va durer et il leur faut continuer de s'en accommoder. Surtout qu'elle ouvre la voie à une autre forme de présence et de témoignage, non fondée sur le nombre et la force apparente, celle de l'exemplarité. On a certes toujours dit que les chrétiens devaient prêcher « *verbo et exemplo* », mais l'on a souvent mis l'accent sur le verbe ou la parole, surtout aujourd'hui avec les moyens de communication offerts à tous : toutefois, avec la cacophonie ambiante et grandissante qui s'exprime dans les médias faute de distance et de guides, l'exemple, en particulier celui des vertus morales (prudence, tempérance, force d'âme et justice), redevient un témoignage essentiel. Moins immédiat, sans doute, que la parole, mais « parlant » quand même : si la générosité, la fidélité, l'attention aux petits et aux fragiles, devaient exister de plus en plus comme « marqueurs » du christianisme, comme c'est d'ailleurs déjà le cas avec le pape François, les chrétiens ne sauraient le regretter.

Prométhée est bien là dans notre monde, l'Esprit de Jésus aussi (Jn 15,26) : mais ce dernier, pour être plus discret avec une action qui demande souvent du temps parce qu'elle respecte profondément l'homme dans toutes ses dimensions, est certainement plus efficace à transformer le monde et à le conduire vers sa vraie fin que le premier.

# La joie au cœur de l'épreuve

13 juillet 2017 (prédication)

La première lecture de la liturgie de ce jeudi 13 juillet (Gn 44,18-34 et Gn 45,1-5) nous rapporte l'heureux dénouement de l'épreuve vécue par Joseph : vendu par ses frères, tenu pour mort par son père Jacob, il a connu une bonne fortune en Égypte où il est devenu une sorte de vizir. Cette position va lui permettre de venir en aide à sa famille souffrant de la famine...

Après avoir entendu cette histoire, les connaisseurs du Nouveau Testament rappelleront que, selon saint Paul dans la lettre aux Romains, « *Dieu fait tout concourir au bien de ceux qui l'aiment* » (Rm 8,26), un peu comme d'autres diraient : « après la pluie, le beau temps » ou encore « tout est bien qui finit bien ». Mais s'agit-il seulement de cela, autrement dit d'affirmer que la joie succède inévitablement, à un moment ou à un autre, à l'épreuve ? Ce serait, me semble-t-il, diminuer le bénéfice de la croix du Christ.

Pour le comprendre, je propose à mes lecteurs d'écouter le magnifique témoignage de Benoît et Marie-Axelle Clermont, interrogés par un journaliste d'*Aleteia* sur leur immense épreuve, la maladie et la mort de leur fils Gaspard à 41 mois : une histoire largement connue grâce à la page Facebook *Gaspard entre terre et ciel*, dont il a été plusieurs fois question déjà sur mon blog

35

Que nous disent nos amis ? Que leur souffrance est immense (« on ramasse » dit Benoît à deux reprises, que, dans son langage militaire, il faut sans doute entendre « on est à la ramasse »), qu'elle reste leur lot et qu'ils ne souhaitent à personne de vivre une telle épreuve, mais... que la joie, une joie paradoxale, fruit inattendu de leur foi, se rencontre au cœur de leur épreuve. Non pas avant ou après, mais au cœur. Et cela sans aucun masochisme ou dolorisme, mais tout simplement, si l'on peut dire, parce que pour nos amis, Jésus habite l'épreuve avec ceux qui la subissent : c'est là l'un des grands bénéfices de la Croix du Christ.

Du coup, l'affirmation de l'apôtre Paul citée plus haut prend une tout autre ampleur. Non pas que nous soyons invités à courir après l'épreuve, là serait le dolorisme ou le masochisme, mais à reconnaître au cœur de cette épreuve une présence divine et donc un soutien. Rien d'évident, bien sûr, et gardons-nous bien d'asséner une telle affirmation à ceux qui souffrent, rien de gagné à la force du poignet, non, un don !

Faut-il souligner combien cela éclaire certains paradoxes de l'enseignement de Jésus, par exemple dans les Béatitudes (« Heureux êtes-vous quand on vous insultera, qu'on vous persécutera, et qu'on dira faussement contre vous toute sorte d'infamie à cause de moi. Soyez dans la joie et l'allégresse, car votre récompense sera grande dans les cieux », et peut-être pas seulement dans les cieux), ou encore cette invitation qui nous est faite à prendre notre croix et à le suivre (Mt 16,24) ...

# La place de Messie est déjà prise

1<sup>er</sup> août 2017

Au cours de récentes élections présidentielles et dans plusieurs pays, la communication des candidats ou des heureux élus s'est curieusement teintée de notes messianiques, voire divino-royales, présentant les impétrants comme des sauveurs. Qu'un Messie soit attendu dans le monde occidental, qui ne sait plus ni d'où il vient ni où il va, qui attend qu'on lui montre *La Voie du Salut*, et qui manifeste à cet égard bien des ressemblances avec le monde juif du premier siècle de notre ère, c'est un fait : mais ce Messie est déjà venu, il y a plus de deux mille ans, sous le nom de Jésus de Nazareth. Et le moins que l'on puisse dire est que l'image qu'il a laissée est loin de celle de ses prétendues réincarnations...

Non il n'est pas sorti de la cuisse de Jupiter, mais il « est né d'une femme » de Galilée comme « sujet de la Loi » (Ga 4,4) et a vécu dans petit village obscur dont ses contemporains se gaussaient : « *De Nazareth, peut-il sortir quelque chose de bon ?* » (Jn 1,46). Il ne semble pas avoir fait de « grande école », mais l'on sait pourtant qu'à douze ans, son intelligence de la Loi mosaïque étonnait les docteurs de son temps (Lc 2,41-50) : il n'en a pas moins vécu jusqu'à la trentaine auprès de ses parents, comme le font tant de jeunes aujourd'hui, sans prétendre révolutionner le monde. Là, il a grandi en taille, en sagesse et en intelligence (Lc 2,52), dans la discrétion de la petite synagogue locale.

A la fin de cette longue période d'apprentissage de la vie d'une petite bourgade, où il a peut-être eu des responsabilités dont nos textes ne disent toutefois rien, il a rejoint un prédicateur de renom, Jean, sur le bord du Jourdain où ce dernier baptisait. Il ne s'est pas cru autorisé à se distinguer de son propre chef, et il est passé par le baptême (Mt 3,13-15), comme tout le monde autour de lui le faisait. Il est devenu disciple du Baptiste, dans l'austérité partagée avec d'autres disciples. Il a fait là son apprentissage de la vie commune, sans grands moyens financiers, vivant de la bienveillance des gens alentour.

Quand le Baptiste qui gênait beaucoup de monde par sa prédication a été arrêté par les autorités locales (Mt 14,3-11), il a pris le relais, rejoint par d'autres disciples du même Baptiste, puis par toute une foule de gens qui trouvaient dans la puissance de la prédication et des gestes de guérison du nouveau prédicateur une espérance. A-t-il comblé celle-ci, au point de conduire certains à retourner leur veste en faveur de Jésus, le « petit nouveau » ? Nos textes disent que oui, mais à la vérité, ce sont moins les foules qui se sont tournées vers lui que lui vers elles, parce qu'elles étaient « *comme des brebis sans pasteurs* » (Mc 6,34).

Il a auprès d'elles acquis un certain renom, mais cela s'est fait sans aucun support médiatique, sans occuper la Une des journaux ou des revues de son temps. Son audience s'est pratiquement limitée à la Galilée, et elle fut éphémère : parce que Jésus a toujours refusé d'être adoubé par la *vox populi*, fût-elle limitée, et que seule la voix de Dieu, qu'il appelait son Père, comptait pour lui. Celui-ci l'avait bien élu

(Mt 17,5 ; Lc 9,35) afin de mettre en œuvre un important programme de réformes énoncé publiquement et d'emblée dans les Béatitudes (Mt 5), mais ce programme renversant n'a pas eu l'heur de plaire aux foules : il y dénonçait en particulier les durs de cœur, les puissants ou la richesse « trumpeuse ». Ces foules attendaient autre chose, de la gloire, du strass, des paillettes, et, dans leur versatilité, elles n'ont pas tardé à se retourner contre lui, jusqu'à demander, le moment venu, sa mort...

Elle a eu lieu, sans beauté ni éclat (Is 53,2), vraisemblablement en l'an 30, dans l'abandon et le mépris de presque tous ceux qui l'avaient d'abord suivi : seul, sur une croix. Son Père du ciel, et sa mère de la terre, plus quelques autres disciples sont restés jusqu'au bout à ses côtés (Jn 19,25-27).

La gloire de Jésus, sa reconnaissance comme Messie, ne sont pas vraiment nées de son vivant, mais bien plus de sa résurrection par laquelle Dieu l'a entièrement justifié : « *Dieu l'a fait Seigneur et Christ ce Jésus que vous avez crucifié* » (Ac 2,36). Ses disciples n'ont pas d'autre sujet de fierté que la croix de leur Seigneur, que plusieurs portent modestement à la boutonnière ou autour du cou, en signe d'allégeance : ils savent que cette croix leur est promise à eux aussi s'ils veulent suivre leur Seigneur jusqu'à la fin.

Ils ne cherchent donc ni les honneurs, ni les premiers bancs dans les églises (Mt 23,6) ou les rassemblements publics, ni une quelconque reconnaissance, ils ne regardent pas des pyramides du haut desquelles plus de quarante siècles les contempleraient, ils se tiennent au contraire tout en bas, auprès de ceux qui souffrent dans leurs corps ou dans leurs cœurs, auprès des oubliés et abandonnés de la société. Auprès d'eux et en eux, ils retrouvent leur Messie !

## L'apparence, un appât... rance !

6 août 2017

« Dans le mannequinat, on vous presse comme un citron, et puis bye-bye ». Cette remarque d'Estelle Lefébure sur sa carrière passée s'applique en fait à beaucoup d'autres métiers où l'apparence est reine, et je pense en particulier au milieu du cinéma : je crois que l'on doit pouvoir compter sur les doigts d'une ou deux mains les acteurs ou actrices dont la carrière dépasse ou a dépassé cinq à dix ans...

Une raison majeure de cette situation est clairement la dictature de l'apparence : les mannequins, les acteurs ou actrices, les modèles de toutes sortes ne font carrière que le temps de leur beauté. Or chacun sait que cette beauté est non seulement éphémère, mais très diverse selon les cultures, les époques etc. A une époque, dans le mannequinat féminin occidental, on n'appréciait que les femmes plates dont le plus bel exemple fut une certaine Twiggy si mes souvenirs sont bons ; plus tard, les femmes plus « en chair » ont fait leur retour au premier plan, et aujourd'hui, les « rondes » tentent de se faire une place au soleil. Mais en vérité, demander une place pour les « rondes », les « maigres », les « jaunes » ou les « noires », les « petites » ou les « grandes », c'est toujours s'en tenir à l'apparence et tourner dans le domaine de l'appât qui, comme je l'ai écrit dans un titre de... mauvais goût, passe et devient rance.

La force de l'évangile est de situer la beauté des personnes dans le cœur, et cela ressort au mieux de l'évangile de la Transfiguration (Mt 17,1-8 ; Mc 9,2-8 ; Lc 9,28-36), fête que nous célébrons au moment où j'écris ces lignes : aucune lumière extérieure, aucun maquillage, rien d'autre que la beauté intérieure sans aucune trace du péché ne transfigure Jésus. C'est l'image du Dieu dans toute sa pureté (Gn 1,26-27). Mais pour l'homme pécheur, il en va tout autrement, l'image est enfouie, salie, et la faire apparaître ou la percevoir peut être très difficile : tant pour la personne concernée que pour celle qui regarde.

C'est donc l'apparence qui prime et les auteurs bibliques le savent bien, eux qui nous rapportent plusieurs histoires à ce sujet. Pour prendre quelques exemples, évoquons le péché d'Adam et Eve qui a consisté pour une part à trop considérer que le fruit de l'arbre au milieu du jardin était « *bon à manger et séduisant à voir* » (Gn 3,6) ; pensons encore à la beauté d'Esther qui lui permet de circonvenir Assuérus, tout comme Judith avec Holopherne ; et, plus proche de nous si l'on peut dire, la beauté de la fille d'Hérodiade (Mt 14) obtient d'Hérode la tête de Jean-Baptiste.

Le dépassement de l'apparence est d'autant plus difficile que seul Dieu connaît et scrute « les reins et les cœurs » (Ps

7,10 ; Jr 11,20 ; Ap 2,23) : on peut donc légitimement se demander comment l'homme va pouvoir y arriver... Il lui faut une grâce particulière : celle qui a finalement permis à saint François de reconnaître dans le lépreux qu'il rencontrait sur son chemin autre chose qu'un amas de chairs purulentes ; celle qui a préparé Ste Thérésa de Calcutta à soigner des pauvres et des mourants ; ou encore celle qui a conduit l'icône que fut Jean Vanier (1) à créer et faire vivre l'Arche. Au point que ce dernier déclare aujourd'hui à tous ces oubliés qui l'entourent : « tu es beau et tu as beaucoup à donner ».

« *La beauté sauvera le monde* » nous dit Dostoïevski, et cette affirmation a fait le tour du monde. Mais le romancier parlait-il de cette beauté éphémère, artificielle, ou de cette beauté de l'âme, fruit de cette présence de l'image de Dieu en tout homme ? Cette beauté, c'est celle que Jésus propose à Pierre, Jacques et Jean, dans cette fête de la Transfiguration, afin de les préparer à la reconnaître sur la croix. Et finalement dans tous les hommes quels qu'ils soient.

(1) On sait que des enquêtes récentes ont totalement et justement déboulonné sa statue. Mais l'œuvre de l'Arche reste, heureusement épargnée.

# Si les hommes étaient enceints !

21 août 2017

**B**eaucoup de mes lecteurs connaissent sans doute le best-seller de John Gray : « *Les hommes viennent de Mars et les femmes de Vénus* » : mon propos ici n'est pas de « renverser la donne », mais de remarquer à quel point les hommes, dont je suis, pourraient bénéficier d'un petit séjour dans le corps d'une femme lorsque celle-ci est enceinte ! Certains s'étonneront sans doute que cette idée bizarre vienne d'un religieux prêtre, censé ne rien connaitre aux femmes, mais les confidences reçues de toutes celles que j'ai accompagnées dans leur vie personnelle, sans compter les couples, m'ont beaucoup appris sur ce sujet...

La première chose que les hommes apprendraient est qu'une vie naissante, qu'elle soit végétale ou humaine, transforme considérablement « la terre » qui l'accueille, et qu'il faut donc prendre un soin particulier de cette « terre » : ne pouvant plus faire grand-chose à l'égard de ce qui est semé, et donc enfoui, on doit veiller sur ce qui porte la semence si l'on veut qu'elle grandisse.

Pour la terre, on peut reprendre l'image proposée par Jésus en Mc 4,26-27 : « *Il en est du Royaume de Dieu comme d'un homme qui aurait jeté du grain en terre : qu'il dorme et qu'il se lève, nuit et jour, la semence germe et pousse, il ne sait comment* ».

Mais pour l'espèce humaine, il en va différemment : la femme enceinte voit son corps se modifier au vu et au su de tous, en particulier d'elle-même, et elle se trouve contrainte de vivre de plus en plus « au niveau de son corps ». Souvent d'ailleurs, au témoignage de mes amies, avec bonheur ! Si les hommes étaient enceints, ils apprendraient donc à vivre au niveau de leur corps plus que de leur raison ou, disons le mot, de leur tête ! Et sans doute en seraient-ils plus heureux.

La deuxième chose que les hommes apprendraient est la patience : chacun sait que l'on ne fait pas grandir une plante en tirant dessus. Pour le petit d'homme, il faut autour de neuf mois, sauf circonstances exceptionnelles et peu souhaitables : c'est le temps nécessaire à l'engendrement à terme. Si les hommes étaient enceints, ils réaliseraient que les questions délicates ne sont pas résolues parce qu'on leur a trouvé une issue ou une solution dans la tête, ils apprendraient donc à prendre le temps de la réflexion, du discernement, et ils se convaincraient aussi que le temps est leur allié !

Il reste que les femmes enceintes, elles le disent souvent dans ces périodes comme dans d'autres d'ailleurs, doivent tout gérer en même temps : les autres enfants s'il y en a, la maison, leur travail professionnel, et les exigences de leur maternité à venir. Et le plus extraordinaire est qu'elles y parviennent pour la plupart d'entre elles, souvent sans aide extérieure, mais non sans un investissement personnel harassant.

Messieurs, chapeau bas pour elles ! Si les hommes étaient enceints, ils sauraient que, même si le travail professionnel leur « prend la tête » comme on dit aujourd'hui, ils ne sont pas les seuls à travailler : le cas échéant, le travail domestique ou familial est un vrai travail, qui peut lui aussi « prendre la tête ». Et les hommes pourraient apprendre eux aussi à conjuguer les activités, à s'intéresser de près à la vie de ceux qui les entourent et pas seulement égoïstement à la leur !

Mais si les hommes étaient enceints, ils apprendraient surtout que l'enfant qu'ils portent en eux n'est pas un accident de la nature, un avenir sur lequel ils pourraient se projeter avec tous leurs manques, une source potentielle d'ennuis, mais UNE VIE, un don de Dieu, et cela depuis son tout premier commencement. Ils la sentiraient bouger, se développer graduellement, dans une osmose avec leur propre vie. Alors, remplis d'émotion pour ce petit cœur qui bat, ils apprendraient à accueillir la vie nouvelle quelle qu'elle soit, à la respecter ; et ils perdraient peut-être ce droit exclusif de vie ou de mort sur l'enfant à venir qu'ils s'arrogent facilement, et cesseraient, comme c'est trop souvent le cas, de faire pression sur leur compagne ou épouse quel que soit son ressenti à elle, forcément différent...

# Islamophobie, cathophobie et autres phobies

### 23 août 2017

La presse et notre société européenne vivent souvent au rythme régulier des phobies. Outre l'islamophobie, voici l'homophobie, la phobie administrative d'un ancien ministre, et j'en passe : tout devient prétexte à phobie. Il suffit de consulter l'article « liste des phobies » sur *Wikipedia*, il est édifiant. L'islamophobie, la judéophobie et la christianophobie y sont bien mentionnés : sans doute la cathophobie, non mentionnée, est-elle incluse dans cette dernière, mais j'ai l'impression qu'autant sinon plus que l'islamophobie, il va lui falloir un article à part.

Mais passons. S'agit-il pour moi de dire quelque chose sur l'Islam que je connais si mal ? Pas vraiment, mais il me semble juste de faire quelques remarques générales sur les religions en général et sur cette accusation d'islamophobie en particulier qui jaillit de tant de plumes.

1. Je m'étonne que l'on s'étonne de l'expansionnisme de l'Islam ou, à l'inverse qui est plus fréquent, qu'on le nie : toute religion bien fondée (je ne parle pas des sectes et mouvements divers) pense détenir la vérité, et s'estime en devoir de la proclamer. C'est aussi le cas du catholicisme dans lequel je me situe : « *Je suis le chemin, la vérité et la*

*vie* », dit Jésus en saint Jean (Jn 14,6). La vraie question n'est pas celle de la prétention religieuse qui figure derrière l'annonce, mais des moyens de cette annonce.

2. Lorsque ces moyens sont violents, il faut les dénoncer. On l'a suffisamment fait, et souvent de manière très exagérée compte tenu des contextes et des informations réellement disponibles, pour les croisades ou l'Inquisition, et pour le texte biblique lui-même : je ne comprends pas pourquoi il faudrait s'interdire de le faire à propos de l'Islam et du Coran, surtout lorsqu'on est contemporain des faits terribles dénoncés.

3. Dénoncer les dérives de l'Islam comme religion ne revient aucunement à faire de chaque musulman un terroriste en puissance, pas plus que les chrétiens n'étaient tous nécessairement des croisés ou des inquisiteurs de la pire espèce. Il n'y a pas là d'amalgame : il existe un droit de regard et de questionnement légitime sur une religion, sur son passé, sur son origine, sur son histoire, sur sa spiritualité, et ce n'est pas faire preuve d'islamophobie que de constater ou de dire que beaucoup reste à faire chez nos amis musulmans. C'est d'abord à eux de faire ce travail scientifique, mais les travaux réalisés ailleurs sur Mahomet, sur le Coran, sur l'Islam, dont beaucoup sont nombreux et sérieux, doivent les y aider : d'où l'importance du débat.

4. Débattre, sur tout et avec tous, avec toute la difficulté que rappelle à bon escient le frère Adrien Candiard (1), à savoir la diversité de l'islam : oui, il y a *des* islams, et aucune autorité centrale, aucun magistère véritable, pour définir et débattre. Dès lors, on assiste à une multiplicité d'interprétations du Coran, sans que l'on puisse vraiment contester celles qui légitiment la violence ou, plus simplement, le port du voile et a fortiori de la *burqa* (2).

5. Dans un tel débat, il faut pouvoir évoquer la personnalité du fondateur, fût-elle sacrée aux yeux de ses disciples. On l'a fait et on continue de le faire pour Jésus, il faut pouvoir le faire pour Mahomet : sans caricature, bien sûr, mais en vérité.

L'accusation d'islamophobie est devenue en fait un empêchement à tout débat et à la compréhension véritable de l'Islam. Et cela ne gêne pas que ses contradicteurs, mais plusieurs de ses penseurs qui aujourd'hui le disent de plus en plus haut et fort. La phobie n'est pas du côté des critiques de l'Islam, mais de ceux qui dénoncent et interdisent ces critiques : mais pourquoi donc chez eux cette peur ?

(1) Dans son livre *Comprendre l'Islam* (ou plutôt : pourquoi on n'y comprend rien), Flammarion, Paris, 2016
(2) C'est une banalité de le dire et de le rappeler mais, quand j'étais étudiant à Jérusalem entre 1981 et 1983, on ne trouvait dans le quartier palestinien où se situe l'*Ecole biblique et archéologique française de Jérusalem* que très peu de jeunes filles voilées. Aujourd'hui, celles qui ne le sont pas sont presque sûrement chrétiennes.

# Par la parole et par l'exemple

19 septembre 2017

C'est un des leitmotivs de toute campagne électorale en France, que l'on peut résumer ainsi : « je dis ce que je fais (ou ferai) et je fais (ou ferai) ce que je dis ». Ni plus ni moins en définitive que le vieil adage de la vie chrétienne : *verbo et exemplo*, par la parole et par l'exemple. Pourquoi évoquer la vie chrétienne ? Parce qu'elle seule dispose d'un modèle ancien et parfait de cet adage mis en œuvre : en Dieu d'abord dans son entreprise de création (« Il dit... et cela fut »), puis ensuite dans la vie de Jésus, par exemple dans les guérisons effectuées par sa seule parole.

Maintenant, pour ce qui est des politiques, la plupart d'entre eux ne cesse de nous montrer depuis plusieurs années que s'ils ont le verbe haut, la mise en œuvre par l'exemple n'est pas toujours leur premier souci. Aujourd'hui, je me demande ce qu'il va en être de ceux qui se sont manifestés comme de farouches adversaires de la procréation médicale assistée (PMA) et qui ont intégré un gouvernement qui va très certainement la promouvoir au nom d'une pseudo-égalité ou de l'intérêt et de la demande des Français (ou plutôt de certains lobbys intéressés) : certains semblent avoir déjà commencé à baisser pavillon...

Mais à la vérité, on aurait tort de ne considérer que les politiques : chacun de nous, de manière plus ou moins visible, sur des questions plus ou moins importantes, fait souvent le grand écart, ou... un moyen écart, entre la parole prononcée et l'exemple donné (soit dit en passant, c'est justement là que le péché évoqué par la théologie chrétienne vient se situer). Il en existe d'innombrables exemples : dans le domaine de la richesse, où l'on est pour le partage avec les pauvres du superflu, mais non de son nécessaire comme y invite Jésus dans l'évangile (Mc 12,41-44) ; dans celui de l'accueil (des migrants, sans doute, mais pas seulement), où l'on attend que ceux qui nous entourent ou les personnes en détresse elles-mêmes fassent les premiers pas etc.

Je vais prendre un exemple brûlant et très évocateur de ce hiatus, mais qui n'est donc certainement pas le seul, celui de l'avortement : il est devenu un droit reconnu dans des sociétés qui, dans le même temps, se vantent d'avoir aboli la peine de mort. Mais peut-on vraiment nier la distance, osons le mot, la contradiction qui existe entre ces deux positions, l'une qui promeut la mort quand l'autre vante la vie ? Une contradiction qui ne cesse de se durcir avec la possibilité de faire des enfants à la carte, et de les rejeter s'ils ne sont pas conformes aux désirs des géniteurs. En réalité, j'ai le sentiment que la peine de mort n'a pas été abolie, son exercice en a été confié à des institutions ou à des individus, souvent complètement désemparés !

Que les choses soient claires : je comprends du fond du cœur la souffrance que peut être une gestation non désirée, voire imposée comme conséquence d'un viol, je comprends du fond du cœur l'angoisse que peut générer a priori la perspective d'un enfant « différent » à naître, je comprends du fond du cœur la détresse des femmes qui pourraient avoir à élever un enfant seule, et je pourrais continuer. Mais je n'arriverai sans doute jamais à comprendre que le seul exemple, la seule issue que l'on donne à ces femmes, en fait à ces mères qui portent une vie, soit maintenant dans notre société française presque toujours un avortement... Est-ce le meilleur moyen de leur venir en aide lorsqu'on sait la souffrance réelle, mais souvent soigneusement enfouie, que ces avortements génèrent dans de nombreux cas (dans tous les cas ?) et que notre société refuse de voir ? N'est-ce pas ajouter une souffrance à une autre ?

Je viens d'évoquer une situation où la parole et l'exemple ne se rejoignent guère, mais j'ai dit plus haut et j'y insiste qu'il y en a beaucoup d'autres que celui de l'avortement, aussi graves et symptomatiques. Dans le cas précis que j'ai évoqué, accompagner toutes ces personnes dans leur détresse au lieu de les laisser seules la gérer, leur offrir des lieux de parole, développer l'adoption sont des solutions trop négligées : certaines personnes, certaines institutions donnent l'exemple, mais elles sont une minorité alors que ce devrait être le grand œuvre de toute une société qui aurait vraiment aboli la peine de mort !

*Verbo et exemplo*, dire par la parole et montrer par l'exemple, il n'est sans doute aucun d'entre nous, chrétien ou non, qui n'ait un grand chemin à faire pour être cohérent et donner ainsi toute sa place à la vie.

# Vous êtes au Christ, et non à César

23 octobre 2017 (prédication)

Frères et sœurs, il n'est peut-être pas de maxime plus commentée et interprétée que celle que nous venons d'entendre dans la bouche de Jésus : « *Rendez à César ce qui est à César et à Dieu ce qui est à Dieu* ». Souvent, nous la comprenons comme nous invitant à séparer le monde de César et celui de Dieu, dans le respect d'un « chacun chez soi », mais je doute beaucoup d'une telle interprétation pour au moins deux raisons.

La première est qu'elle donnerait raison aux Pharisiens qui lui posent la question, et qui, comme leur nom l'indique, à savoir les Séparés, souhaitent justement délimiter les champs pour dresser une barrière autour de la Torah et préserver le monde de Dieu. Cette interprétation « classique » signerait en fait l'accord de Jésus avec les Pharisiens et ne saurait expliquer leur antagonisme. La deuxième raison est qu'elle laisserait les chrétiens à l'écart du monde, sans aucune réponse face à ceux qui aujourd'hui encore s'étonnent qu'ils puissent avoir un avis, et surtout le donner, quant à la marche du monde : non, la petite phrase de Jésus ne peut vouloir dire « restez dans vos sacristies ». Il faut donc comprendre notre fameuse maxime autrement.

Pour nous guider, je vais faire écho à la remarque de certains exégètes qui constatent tout simplement qu'en invitant les Pharisiens à lui montrer une pièce, dont l'évangile prend soin de préciser qu'elle est « la monnaie de l'impôt », Jésus montre à ces mêmes Pharisiens qu'ils sont loin de répondre à leur exigence de séparation : en fait, Jésus prend les Pharisiens à leur propre piège, ce mot qui est prononcé au début du récit, il leur montre qu'eux ont déjà répondu à la question. Nous le comprenons tous, la séparation recherchée était impossible à l'époque, sauf à vivre sur une île déserte, et elle l'est encore aujourd'hui : le monde de César et le monde de Dieu sont liés.

Encore faut-il préciser comment et je ne vois pas d'autre possibilité que de considérer que l'un est au service de l'autre. Je ne parle pas de soumission, notez-le bien, je parle de service. Et je rejoins ainsi la première lecture dans laquelle le roi Cyrus, tout roi qu'il est, est présenté comme au service de Dieu et de son règne, qu'il le sache ou non. Les paroles du prophète Isaïe sont on ne peut plus claires : « *Je suis le Seigneur, il n'en est pas d'autre : hors moi, pas de Dieu. Je t'ai rendu puissant, alors que tu ne me connaissais pas, pour que l'on sache, de l'orient à l'occident, qu'il n'y a rien en dehors de moi. Je suis le Seigneur, il n'en est pas d'autre* ».

Voilà le vrai sens de la maxime, et c'est ainsi que l'ont comprise et vécue ces grandes figures de sainteté dans l'Église qu'ont été un saint Dominique, un saint François, une sainte Térésa de Calcutta : « *Cherchez d'abord le Royaume de Dieu et tout le reste vous sera donné en plus* ». Loin de déserter le monde de César, ces grandes figures y ont travaillé en l'orientant sans cesse vers le monde de Dieu. Et elles continuent de le faire par leurs exemples, leurs écrits, leurs prières.

Aujourd'hui, l'évangile ne nous invite donc pas à prendre la tangente, mais à prendre le relais, autrement dit à travailler à notre tour dans le monde, à notre échelle, selon notre mesure, pour qu'il ne reste rien qui ne soit orienté vers Dieu. Et ceci même si nous travaillons pour César : il existe en effet bien des manières de travailler pour César, par exemple dans la solidarité, la compassion, tout en travaillant pour Dieu. Mais attention, César est très exigeant, et surtout très exclusif. Il va proposer mille tentations à ceux qui travaillent chez lui pour les accaparer : à titre d'exemple, je pense aux mirages de la technologie qui nous font passer trois heures devant un écran quand nous aurions pu en passer au moins la moitié en prière ou dans le service de nos frères.

Frères et sœurs, le secret de notre action et de notre éventuelle résistance, je le trouve dans un autre propos de saint Paul qui me semble être un très bon commentaire de la maxime divine : « *Tout est à vous, mais vous êtes au Christ, et le Christ est à Dieu* » (1 Co 3,23).

# La mort, l'inconsidérée de nos vies

## 2 novembre 2017

**2** novembre, fête des morts dans la tradition catholique mais bien au-delà d'elle finalement : il paraît certes que l'on dépense moins d'argent en fleurs ces dernières années, crise aidant, mais les cimetières sont subitement remplis, le 1ᵉʳ ou le 2 novembre, de vivants que l'on ne voit que rarement en d'autres occasions. Et très peu à l'église ! Cette présence ponctuelle et inopinée montre en fait que la mort, et tout ce qui la prépare comme l'agonie, reste une grande inconsidérée de nos sociétés occidentales.

Elle l'est dans le vocabulaire, puisqu'au terme de mort, on préfère souvent celui de défunt, ou de disparu : j'aime bien ce dernier pourtant, parce qu'il suggère qu'une autre vie existe, mais il contribue quand même à escamoter la mort dans ce qu'elle a de plus rude, de plus abrupt. Une autre manière d'y contribuer est d'accoler un adjectif ou de créer des périphrases : quand on bombarde une ville, et Dieu sait qu'on le fait en bien des endroits de notre planète, avec peu de scrupules et beaucoup de réussite hélas ! on ne fait plus de morts, mais des « dégâts collatéraux » ...

Mais la mort est aussi largement inconsidérée dans nos vies. Que l'on me comprenne bien, je ne suis pas un adepte du dolorisme, loin de là, je ne souhaite pas le retour des crucifix sanguinolents, je ne suis pas allé voir le film de Mel

Gibson et ne le regrette en rien. Mais il faut quand même bien noter que le chrétien qui se focalise sur la résurrection finit souvent par oublier qu'elle a fait suite à une longue et douloureuse passion et à une mort atroce que la faiblesse seule a abrégée. Qu'on lise sur ce point les pages que Jean-Christian Petitfils consacre à l'évoquer dans le chapitre « Crucifiement » de son livre « *Jésus* » !

Mais il existe bien d'autres manières de ranger au rayon des accessoires l'agonie et la mort :

- L'envoi en maisons de retraite d'anciens, qui mouraient avant dans leur famille où on les veillait.
- Les mises à mort que constituent les avortements, particulièrement celles qui visent des enfants « différents », et que l'on baptise « interruptions de grossesse ».
- La mise en scène de la mort dans des films ou des usages (Halloween ?), afin de mieux s'en tenir à distance.
- Les publicités, devenues terriblement envahissantes puisqu'elles financent aujourd'hui notre « confort », qui ne nous montrent pratiquement que des visages et des corps jeunes et bien portant...

Je suis sûr que mes lecteurs penseront à d'autres exemples. La mort ou ses prémices nous marquent, mais nous nous gardons bien souvent de nous y préparer : comme si nous l'avions vaincue !

Alors qu'une vraie considération de la mort pourrait contribuer à son apprivoisement et à une autre manière de voir et vivre la vie, dans sa grandeur et sa fragilité. Il existe heureusement des exceptions, et je pense par exemple au développement des soins palliatifs, dont il faut pourtant constater qu'il est très mesuré et absolument pas à la mesure des exigences : on lui préfère souvent une « réponse technique », d'ordre médicamenteux, qui coûte moins cher et présente moins d'exigences en accompagnement et en temps.

Il semble bien pourtant qu'il fut une ou des époques où l'on accordait à l'agonie et à la mort cette considération qui leur manquent aujourd'hui. Ce soir, je me souviens de ces vieilles peintures de saints et de religieux, auprès desquels on voit des crânes : les cellules des religieux actuels, je peux en témoigner, n'en ont plus, et je ne suis pas sûr qu'il faille revenir à cette pratique si elle était possible. Il paraît qu'il s'agissait de favoriser la méditation de ces saintes personnes, pour qu'elles n'oublient jamais qu'elles étaient des « étrangers et des voyageurs sur la terre » (1 P 2,11 ; He 11,13-16), que leur vie terrestre n'avait qu'un temps à la différence de la vie éternelle, bref que la mort serait inévitablement leur lot, qu'il fallait donc y penser souvent et s'y préparer sans attendre le dernier moment. Si l'on a peut-être trop insisté à une époque sur ce point, il me semble que le balancier est vraiment reparti de l'autre côté, un peu trop loin...

Car, paradoxalement, avec « l'inconsidération » de la mort, c'est la vie qui est blessée !

61

# L'antijudaïsme, détestation ou fascination ?

16 décembre 2017

*A la mémoire de Josy Eisenberg (12/12/1933 – 8/12/2017)*

Ce jeudi 14 décembre 2017, M. Gérard Rabinovitch, philosophe, membre du CNRS, est venu nous parler de l'humour juif dans le cadre du centre Lacordaire : il en a brillamment marqué les caractéristiques et l'origine. Au début de son exposé, il a rappelé à son auditoire, à travers plusieurs citations, que l'antijudaïsme d'Hitler s'était souvent exprimé en s'en prenant explicitement à cet humour dérangeant et au rire qui l'accompagnait. Ces propos m'ont réinterrogé sur ce que je suggérais à M. Rabinovitch un peu avant la conférence : l'antijudaïsme ne serait-il pas, au moins pour une part, sans doute ni la seule ni la plus importante, une forme de fascination retournée et dévoyée ?

L'Ancien Testament en est le témoin, l'instruction représente une dimension fondamentale du judaïsme, en rapport avec la parole de Dieu qu'il porte, dont il doit être le témoin et le « transmetteur ». Quelles que soient les strates du texte, on retrouve cet accent marqué pour l'instruction et le savoir : « *Le Seigneur dit à Moïse : « Monte vers moi sur la montagne et demeure là, que je te donne les tables de pierre — la loi et le commandement — que j'ai écrites pour leur instruction* » (Ex 24,12) ; « *La folie est ancrée au cœur du jeune homme, le fouet de l'instruction l'en délivre* » (Pr 24,12) ;

« *Un Dieu plein de savoir, voilà le Seigneur* » (1 S 2,3) ;
« *Donne-moi donc à présent sagesse et savoir pour agir en
chef à la tête de ce peuple* » (2 Ch 1,10) ; « *Le Seigneur, lui qui
enseigne le savoir* » (Ps 94,10) etc. On sait que cette
instruction représente d'ailleurs aujourd'hui encore le socle
principal et austère de la formation de ces Juifs pieux qu'on
appelle des *Haredim* ou « Craignant-Dieu ».

Cette dimension explique en partie pourquoi un certain
nombre de païens, dont ceux que les auteurs bibliques
appellent justement aussi des « craignant-Dieu » (Ac 10 ;
13,16.26 ; 17,4 ; 18,4), sont fascinés par judaïsme et cherchent
à s'en rapprocher. Si l'exemple le plus célèbre est celui du
centurion Corneille (Ac 10), très proche d'un autre centurion
dont il est question dans l'évangile de Luc (7,1-10), on décèle
aussi quelque chose d'une même fascination chez le fameux
Pilate lors de l'interrogatoire de Jésus qu'il cherche à relâcher
(Lc 23,16-20). Cette fascination n'a rien d'une histoire
ancienne : je pense à tous ceux qui suivent l'émission juive
du dimanche matin sur France 2, « *La source de vie* »,
autrefois « *A bible ouverte* », popularisée par le regretté Josy
Eisenberg.

Comme n'importe quel psychologue, même à la petite
semaine, le sait, comme les amoureux en font souvent aussi
l'expérience, une qualité donnée peut facilement engendrer
chez les individus son contraire, souvent radical dans son
expression : c'est ainsi que l'amour laisse place à la haine, la
fascination à la détestation. Voilà pourquoi je me demande,
peut-être naïvement, si l'antijudaïsme n'est pas le manteau
puant qui recouvre parfois, ou souvent, une fascination pour

le monde juif, pour la tradition qu'il porte, pour les hommes et les femmes qui participent de ce monde.

En d'autres termes, la caricature du judaïsme, que certains proposent et dont ils se font hélas ! les propagandistes, ne serait-elle pas elle-même dans un certain nombre de cas... une caricature de leurs propres sentiments ?

# La *Disputatio*, ou l'art du débat

22 décembre 2017

*D*isputatio, mot latin qui désigne un vieil usage, celui de la dispute : non pas au sens où nous avons l'habitude de l'entendre aujourd'hui, non pas donc chicaneries, mais débat public et raisonnable dans lequel chacun s'efforce d'apporter des arguments et de se confronter à ceux des autres. Un jury se tient habituellement là pour désigner les vainqueurs. Dominique en son temps, soit au XIIIe siècle, en compagnie ou non de son évêque Diègue d'Osma, fut un praticien et un artiste de cette disputatio : « *On institua de nombreuses disputes, sous l'arbitrage de députés, à Pamiers [Ariège], Lavaur [Tarn], Montréal [Aude] et Fanjeaux [Aude]. Aux jours convenus, grands seigneurs, chevaliers, femmes nobles et populations se rassemblaient pour assister à la discussion de foi* » (*Libellus* de Jourdain de Saxe).

Dans ces *Disputationes*, on savait s'en prendre aux arguments sans agresser les personnes. Dominique n'a pas inventé la disputatio, mais elle a connu avec lui et à son époque un certain lustre, en faisant en particulier son lit dans l'université : les fameuses Sommes de saint Thomas d'Aquin (Somme théologique, ou Somme contre les Gentils), dans leur forme littéraire, en portent l'empreinte.

Puisqu'il s'agit d'un art, on comprend facilement qu'il nécessite un apprentissage, une éducation dont j'ai déjà plusieurs fois parlé sur ce blog (par exemple ici ou encore là). Il y faut d'évidentes conditions :

- En premier lieu, accorder un crédit à l'adversaire quel que soit le sujet abordé : celui qui est persuadé d'emblée qu'il n'a rien à apprendre de l'autre, que sa position ne saurait évoluer, n'entrera jamais dans une vraie disputatio. Pour reprendre un propos trouvé sur le Net, il se situe face à un ennemi plutôt que face à un adversaire !
- En deuxième lieu, disposer d'une capacité d'écoute et l'offrir. La sagesse populaire dit de deux personnes qui ne se supportent pas qu'elles ne peuvent s'entendre : et c'est si vrai ! Si elles s'entendaient, si elles s'écoutaient, alors existerait, fût-il ténu, un terrain de rencontre.

En effet, cette capacité d'écoute oblige à se retirer de soi-même, à faire un certain vide en soi où l'autre pourra trouver sa place. La kabbale juive assure que Dieu s'est retiré de lui-même en créant le monde et l'homme (on parle de *tsim-tsoum*). Dieu nous a ainsi donné aux origines du monde le modèle ce que nous devons tous faire pour que l'échange se fasse entre deux interlocuteurs (étymologiquement, ceux qui parlent entre eux) et ne se transforme pas en un monologue.

- En troisième lieu, il faut être capable de suivre une argumentation et de la construire : non pas seulement la sienne, mais celle de l'autre. Trop souvent, nous ne nous préoccupons que de défendre notre position, sans chercher à entrer dans celle de l'autre, que nous serions d'ailleurs bien incapables de redire : mais si l'on veut que la *disputatio* porte du fruit, avant chacune de nos interventions, nous devrions prendre le temps et le soin de vérifier la compréhension que nous avons de la position adverse, éventuellement en la reprenant pour approbation.

On l'aura compris, cet art ne s'improvise pas, il s'apprend et se cultive. Et c'est à mes yeux l'une des grandes faiblesses de notre enseignement actuel, et plus encore des médias qui prétendent y concourir, que de laisser si peu de place à l'apprentissage et à la mise en œuvre de la Disputatio : les blogs et leurs billets, les courriers des lecteurs, les pages des journaux sont dans 98% des cas affligeants de banalité, porteurs de réflexion à courte vue guidées par la seule sensibilité, le démon de l'urgence ou la nécessité de « remplir du papier » ...

Triste constat, dira-t-on, pour lequel je n'ai pas de solution à proposer. Toutefois, comme je pense que la lecture, sur papier, favorise la réflexion, et que l'on me dit qu'elle fait peu à peu un certain retour, comme il apparaît que nos moyens modernes de communication génèrent un « abrutissement des masses » qui se retourne progressivement contre eux, je ne désespère pas que le temps fasse son œuvre. Je partage pleinement le constat de Fabrice Hadjaj, tel qu'il le propose dans un de ses remarquables éditoriaux de la revue *Limite*, où il accueille la technique, mais dénonce la technologie. Je le cite dans un entretien tout récent au *FigaroVox* :

« *Jusqu'à une époque récente, l'homme a eu des mains, organes très spirituels, de réceptivité plus que de préhension, sortes de fleurs animées capables de faire fleurir le monde, d'étoiles de chair pouvant saluer, bâtir, offrir, rayonner sur les choses. Mais l'organisation technologico-marchande a fait de nous des manchots. Le progrès technologique est le plus souvent une régression technique. Au lieu de jouer d'un instrument de musique, on clique sur une playlist. Au lieu de faire des choses, on les achète, grâce au salaire gagné à gérer des tableaux Excel et des présentations PowerPoint. L'innovation n'a pas besoin de moi pour être critiquée : elle suppose l'obsolescence de ses merveilles (...)*

*C'est donc l'hégémonie technologique qui tend à favoriser le déclin de l'humain. Rien n'est plus décliniste même que les espoirs du transhumanisme : son projet n'est-il pas de nous désincarner, de remplacer le logos par le logiciel, et les savoir-faire par l'imprimante 3D ? Il s'agit donc moins de tracer une limite entre bonne et mauvaise technologie que de comprendre que la technologie n'est bonne que si elle se met au service de la technique. Il est bon, par exemple, de regarder une vidéo YouTube pour redécouvrir la cuisine de grand-mère, faire un potager, coudre un vêtement ou menuiser un meuble...* »

# Bergers, où en est la nuit ?

25 décembre 2017 (prédication sur Lc 2,1-14)

Frères et sœurs, je suis sûr, bien que leur temps ne soit pas encore venu, que vous connaissez par cœur les prénoms des rois mages : Gaspard, Melchior et... Balthasar. Mais au fait, savez-vous le nom des bergers qui tiennent une place de choix en cette nuit ? Non ? Moi non plus ! Personne ne les connaît, ils représentent tous les oubliés de cette grande nuit. Je devrais dire « ceux que les hommes ont oubliés » mais pas les anges, qui viennent vers eux, ni Dieu non plus de ce fait.

Il faut dire que ces bergers n'étaient pas seulement des bergers, ils étaient des veilleurs, veillant sur leurs troupeaux en premier lieu : ce devait être calme, j'imagine que les bêtes devaient bien se reposer elles aussi. Ils veillaient aussi pour faire face à l'imprévu parce que c'était la nuit, l'immense nuit des origines... Comme chaque nuit, ils pensaient simplement veiller afin que pas une bête du troupeau ne se perde (Mt 18,14). Et voilà que la soudaine intervention des anges leur montre que cette veille a un sens supplémentaire : sans le savoir, ils veillaient pour le compte d'un troupeau bien plus vaste dont ils faisaient eux-mêmes partie, celui des hommes de bonne volonté qui attendent que se lève le soleil de justice (Ml 4,2). Alors, oui, paix sur la terre à ces veilleurs, à ces hommes que Dieu aime et qui n'ont pas de nom parce qu'ils ont tous les noms.

Paix donc aussi à tous ceux qui ont veillé avec eux, à Bethléem autrefois, dans notre monde aujourd'hui, tous ceux qui sont là, repliés ou debout dans toutes les nuits du monde, dans l'attente d'un monde nouveau. Paix à tous, paix à toi qui es loin, paix à toi qui es proche, cette nuit « *il t'est né un Sauveur, qui est le Christ, le Seigneur* ».

Attends ! Attends ! Ne va pas le chercher dans le palais d'Hérode, ni dans quelque palais que ce soit, il est là où tu ne l'attendais sans doute pas : dans tout lieu improbable, dans une étable ou dans la rue, dans le cœur de cette veuve qui a donné tout ce qu'elle avait pour vivre (Mc 12,44), dans celui du pauvre Lazare qui gît à ta porte (Lc 16,20) et qui pourrait cette nuit s'appeler Laurent ou Manuel, auprès du petit Gaspard, que j'ai visité l'an dernier à la même époque et qui a rejoint le ciel où il prie pour chacun de nous, chez Zachée trop petit et trop riche pour voir Jésus (Lc 19), mais qui lui trouve une place en se libérant d'une part de sa fortune. Il est là chez tous ceux qui veillent le cœur ouvert.

« *Jésus se tint au milieu d'eux et leur dit : « La Paix soit avec vous !* » (Lc 24,36). Dîtes-moi, bergers, dîtes-moi, veilleurs, la ressentez-vous cette paix ? Je vous envie, bergers de Bethléem, vous avez un avantage sur nous : vous êtes à la campagne, on ne doit pas y entendre beaucoup d'autres bruits que ceux de vos bêtes ; la voix des anges y est donc claire et nette comme celle d'une trompette. Chez nous, cette voix est largement couverte par l'épais manteau de nos musiques, de nos flonflons et de nos fausses réjouissances, par nos idoles smartphoniques, informatiques ou télévisées : en vérité, ces voix ne nous font pas veiller, elles ne comblent pas nos attentes, elles nous endorment !

Elles endorment nos cœurs, nos sens, elles couvrent d'un manteau ces mots vrais et justes, ces mots d'amour et de réconciliation que l'Esprit de Jésus vient déposer en cette nuit au fond de nous : paix à vous ! Comme il l'a fait il y a neuf mois avec Marie en la prenant sous son ombre (Lc 1,35). Oui, elle est là cette voix claire, elle est là cette paix, sous ce manteau de faussetés et de mensonges, ce manteau de nuit que Dieu veut rouler (He 1,12) pour que s'ouvre le ciel ! Comme il roulera plus tard, à Gethsémani, la pierre du tombeau pour que resplendisse encore et toujours sa vérité.

Bergers, où en est la nuit ? La nuit ? Quelle nuit ? Pour nous qui avons veillé, pour nous qui veillons, c'est le grand Jour, le Jour annoncé et tant attendu par les prophètes, le Jour de la vie : et la nuit, comme le jour, illumine ! (Ps 139,12).

# Devenez prophète !

## 28 janvier 2018

Frères et sœurs, la première lecture nous propose quelque chose d'étonnant, une sorte de refus de Dieu que Dieu lui-même valide ! Le peuple dit en effet : « *Je ne veux plus entendre la voix du Seigneur mon Dieu* » et Dieu répond par la voix de Moïse : « *Ils ont bien fait de dire cela* ». S'il faut prendre ces mots au pied de la lettre, Dieu n'a plus rien à nous dire et… moi non plus ! Mais la réponse de Dieu ne s'arrête pas là : « *Je ferai se lever au milieu d'eux un prophète* ». Autrement dit, Dieu n'a pas choisi de se taire, mais de passer la main à un homme de son choix, à un prophète « comme Moïse ». Pour un chrétien, ce prophète médiateur ultime ne saurait être autre que Jésus, mais il y en eut bien d'autres avant lui. L'occasion est donc bonne de se demander ce qui caractérise un prophète, ce qui permet de le reconnaître ou même, ce qui permet de le devenir puisque, par notre baptême, nous avons cette capacité.

Pour la pensée commune aujourd'hui, un prophète est quelqu'un qui annonce l'avenir, ce qui d'une part le relie très peu au présent, et d'autre part autorise toutes les vaticinations tant que l'avenir n'est pas là ! La réalité est très différente si l'on en revient à l'étymologie du terme : littéralement, le grec *prophêtês* signifie « parler au nom de ». Pour faire court, le prophète est le porte-parole de Dieu, et sa parole doit non seulement être celle de Dieu s'il est un vrai prophète, mais concerner autant le présent que l'avenir. Et sans doute même plus le présent que l'avenir.

À ce compte-là, nous comprenons que les vrais prophètes ne sont pas légions ! Par contre, que de diseurs de bonne aventure : des hommes politiques, tous les thuriféraires d'un homme nouveau qui sera peut-être nouveau mais certainement pas homme, et plus généralement tous ceux que le Seigneur n'a pas envoyés. La différence avec Jésus est à la fois très perceptible et immense : lui ne fut pas seulement porte-parole de Dieu, mais parole même de Dieu, une parole pour son temps comme pour le nôtre, une parole éternellement actuelle. Voilà pourquoi les scribes parlent d'un enseignement nouveau donné avec autorité : la parole de Jésus est agissante pour guérir, conduire, soutenir, renouveler. Comme on le dit en théologie, elle produit ce qu'elle signifie et elle le fait dès aujourd'hui.

Le drame de notre monde est que cette parole, la seule qui vaille, n'est le plus souvent pas entendue, on lui préfère « l'information », le tweet, des musiques parfois qualifiées d'ambiance et que sais-je encore. Or, vous connaissez sans doute la manière dont cette parole de Dieu se communique au prophète Elie, comme « *le bruit d'une brise légère* » (1 R 19,12 dans la BJ) ou, pour d'autres traducteurs, comme un « *silence subtil* » (Chouraqui) ou un « *souffle ténu* » (TOB)… Dans la cacophonie ambiante, l'écoute du texte biblique, mais aussi des prophètes que Dieu continue d'envoyer est exigeante : pour les entendre, il faut en effet faire silence, et il n'y a jamais eu autant de bruit en nous et en dehors de nous !

Il nous faut donc vivre ou retrouver les moyens de ce silence. On pense spontanément et justement à la prière, au recueillement, à toutes les formes de retrait temporaire du monde qui nous entoure, mais la deuxième lecture voit plus large, elle invite à « être libre de tout souci », afin de s'attacher aux affaires du Seigneur sans partage. Alors, frères et sœurs, débranchez régulièrement votre radio, votre smartphone, votre télévision, déposez vos journaux et vos revues pour prendre dans vos mains la Bible ou même un bon livre de spiritualité, faîtes retrait, ou retraite, mais aussi, dès le matin, confiez votre journée au Seigneur, et revenez vers lui à plusieurs reprises au long du jour : en vous attachant à lui, vous deviendrez vraiment ses porte-paroles, pardon je voulais dire ses prophètes.

# Garder la mémoire du passé

29 janvier 2018

Alors que, fort justement même si j'ai quelques interrogations sur la manière et le résultat, nombre d'individus ou d'associations demandent que soient dénoncées toutes les turpitudes d'ordre sexuel cachées dans le passé pour y mettre fin, alors que, sur un tout autre plan, les enfants nés sous X demandent à connaître à leur majorité leurs géniteurs (affaire dite *Kermalvezen* en France), alors que l'on multiplie les commémorations de tous types même les plus baroques, bref alors que l'on invite la mémoire du passé à revenir sur le devant de la scène publique, d'autres s'ingénient dans le même temps à la cacher ou, bien plus grave, à l'effacer au nom du désormais célèbre « politiquement correct ».

C'est ainsi que l'on s'insurge contre la publication des écrits antisémites de Céline, pourtant bien présentés comme tels et largement commentés, que l'on met à l'écart des hommes politiques, des écrivains, des musiciens, sur de simples dénonciations et avant tout jugement, que l'on écarte des œuvres d'art soudainement devenues obscènes alors qu'elles faisaient ou font encore la gloire des musées où elles sont présentées, et j'en passe. Last but not least, les personnes, les écrits, les œuvres ainsi décriés ne sont souvent même pas connus de leurs détracteurs, dont beaucoup fondent leurs revendications sur des « on-dit » ... Dans le meilleur des cas, on choisit alors d'écarter ou de gommer les générateurs d'aspérités, mais l'on va aussi jusqu'à les éliminer : par exemple, en les rayant des livres d'histoire, en rebaptisant les rues qui leur auraient été dédiées etc.

Il se trouve que mon Église n'est pas exempte de ce péché, même si elle le pratique sous des formes plus bénignes. Je pense par exemple à ces fameux « versets imprécatoires » présents dans les psaumes, tel par exemple le célèbre « *Heureux qui saisira tes enfants pour les briser contre le roc* » (Ps. 136,9) : bien sûr, ils sont sinistres ! Dans certains lieux, on choisit donc de ne pas les dire ; dans certaines éditions, on les met entre parenthèses ou entre crochets ; mais voici que plusieurs éditions récentes ne les mentionnent même plus. Pour ma part, je prétends que ces versets, qui offusquent à l'évidence notre sensibilité contemporaine, sont les prières de ceux qui n'en peuvent plus et qui n'ont plus d'autres paroles que ces paroles de vengeance, qu'ils n'en remettent pas moins à Dieu, ou à nous, plutôt que de les mettre à exécution. Ces versets représentent peut-être la part la plus païenne de nous-mêmes, et il est trop facile de l'ignorer ou de se la cacher quand tout va bien autour de nous et que rien ne nous menace...

On va donc me demander si je ne prêche pas pour le retour d'une place Staline ou d'une rue Hitler ! Il n'en est rien. Je sais bien que la mémoire n'est pas neutre, qu'elle doit être guidée, voire purifiée. Et je sais qu'elle peut être provoquée, orientée, détournée à partir d'éléments extérieurs qui subvertissent le jugement. Mais j'estime que la plus grande prudence est nécessaire pour définir ces éléments, et surtout pour déterminer la meilleure manière d'y faire face.

Ainsi, puisque cela vient d'être évoqué par des amis dans le cadre d'une messe récente, lorsque saint Paul tient des propos (cf. 1 Co 7,32-35) sexistes ou misogynes (ce qui reste à démontrer, au moins pour ce dernier qualificatif), va-t-on en supprimer la lecture, ou même les lettres entières pour épargner nos oreilles évidemment parfaitement pures et dénuées de toute déviance, et pour que notre mémoire ne soit pas salie ? Bien sûr que non : il faut expliquer, et pour cela souvent replacer dans le contexte d'origine. Autrement dit, enrichir la mémoire du passé plutôt que de filtrer indûment, dogmatiquement ou arbitrairement, ce qu'elle reçoit, en rappelant et en montrant sur l'exemple que je viens de prendre que l'œuvre de saint Paul ne saurait être réduite à quelques expressions incontestablement dépassées.

Je frémis à la pensée de la manière dont sera jugé notre siècle dans cent ou deux cents ans : on risque bien de nous reprocher d'avoir laissé passer le chameau et de n'avoir arrêté que le moustique (Mt 23,24). Car tous ceux qui crient haro aujourd'hui sur telle œuvre, telle personne, telle pensée, ne semblent le faire qu'en couvrant d'autres excès, bien plus graves : pour ne prendre qu'un exemple, connu et malheureusement banal, on veut bannir les dérives sexuelles tout en laissant la pornographie s'installer partout.

La mémoire est très sélective, et c'est normal : éduquons-la, mais gardons-nous donc d'en absolutiser tel contenu ou tel moment.

# Renversante charité !

11 février 2018 (prédication)

Frères et sœurs, vous connaissez sans doute la situation qui fut dans l'histoire celle des lépreux, et qui se prolonge encore dans de nombreux pays : une mise à l'écart radicale. Les raisons sont de deux ordres : contagion physique possible, mais aussi, comme le laisse entendre notre évangile, impureté puisque la maladie était considérée comme une conséquence du péché. Les lépreux vivaient donc dans une sorte de désert géographique et spirituel.

Ce qui me frappe dans l'évangile d'aujourd'hui, c'est le changement qui touche les deux acteurs principaux, à savoir le lépreux et Jésus lui-même. De qui en effet nous dit-on à la fin du récit qu'il est à l'écart dans un endroit désert ? Non pas du lépreux, mais de Jésus qui fuit la foule. Le lépreux lui a rejoint ses concitoyens auprès desquels il annonce la bonne nouvelle de Jésus. Il y a donc là comme une inversion étonnante des situations...

Qu'est-ce qui a provoqué cette inversion ? La guérison du lépreux, dans laquelle Jésus a fait fi de toutes les conventions, de tous les jugements : il a touché celui que l'on ne devait toucher sous aucun prétexte. Et il l'a fait à la demande du lépreux lui-même qui n'aurait jamais dû demander quoi que ce soit. Cet évangile est finalement celui des renversements.

Mais n'est-ce pas le cas de l'évangile tout entier ? Jésus renverse les usages avec le même enthousiasme que les tables des changeurs, et, pire aux yeux des bien-pensants, il incite ceux qui le connaissent à faire de même. Attention, pas pour le plaisir, pas pour faire la révolution, pas pour se faire remarquer, non, pour aucune de ces mauvaises causes, mais parce que la charité le presse. C'est elle en effet dont nous parle indirectement saint Paul dans la première lettre aux chrétiens de Corinthe lorsqu'il écrit : « *Je tâche de m'adapter à tout le monde, sans chercher mon intérêt personnel, mais celui de la multitude des hommes, pour qu'ils soient sauvés.* »

Frères et sœurs, qu'on se le dise : la charité est subversive, elle est renversante ! Je sais qu'elle a parfois mauvaise presse, parce qu'on la confond avec de la pitié mal vécue, mais lorsqu'on la prend pour ce qu'elle est vraiment, un don d'amour de Dieu, sa présence vivante et agissante, la part divine de notre être, alors elle ne peut laisser personne tranquille tant que cet amour n'a pas envahi nos cœurs et les cœurs de ceux qui nous entourent. Et son effet n'est pas la mise à l'écart, la dispersion, l'ostracisme, mais la communion de tous dans l'unique corps du Christ.

Aujourd'hui, 11 février, c'est la fête des apparitions à Lourdes et la journée des malades. Aujourd'hui plus que jamais, la charité nous presse et nous interdit de laisser de côté nos frères malades, âgés, qui attendent une visite, un soutien. La presse a parlé récemment des maisons de retraite, que l'on préfère appeler EHPAD pour se cacher la vue, et dans lesquelles chacun de nous ici pourrait bien finir un jour : il est temps de nous laisser toucher comme Jésus l'a été, il est temps de remettre les malades au cœur de nos cités comme ils le sont dans la cité mariale de Lourdes.

# Les anges à notre secours

18 février 2018 (prédication)

Frères et sœurs, chers amis, quelle que soit l'année, le premier dimanche de Carême nous propose le récit des Tentations de Jésus. Mais à la différence de Matthieu et de Luc qui bénéficient certainement d'une tradition propre sur le sujet et sont relativement explicites, Marc ne dit rien de la nature des tentations et se montre d'une extrême concision : « *L'Esprit pousse Jésus au désert et, dans le désert, il resta quarante jours, tenté par Satan. Il vivait parmi les bêtes sauvages, et les anges le servaient.* »

Cette sobriété n'a pas que des inconvénients et peut s'interpréter de plusieurs manières. Elle permet par exemple à chacun de nous de nous identifier plus facilement à Jésus : peut-être pas pour rester quarante jours au désert, mais parce qu'aucune tentation extraordinaire comme transformer des pierres en pain ou se jeter du haut d'une falaise n'est évoquée. Jésus est tenté par le Tentateur, de manière sans doute extraordinaire, mais nous le sommes aussi ! Par des tentations nombreuses et variées qui agissent comme des bêtes sauvages qui nous dévorent et que nous nourrissons pourtant si volontiers.

Oui, me direz-vous, mais Jésus a reçu le soutien des anges pour s'en sortir, ce qui n'est pas notre cas. Eh ! bien, je pense que nous bénéficions des mêmes avantages. Ne vous est-il pas arrivé, dans telle ou telle situation difficile, de dire à tel ou tel autour de vous : « tu es un ange », parce qu'il vous aura rendu un important service ? Ce ne sont certes pas des créatures ailées, mais qui vous a dit que les anges avaient nécessairement des ailes ?

Il en est beaucoup d'autres : des amis dans la douleur qui nous aident à nous relever et à ne pas désespérer, des relations qui nous proposent telle lecture qui élèvent notre esprit et nous font regarder le ciel, des conseillers spirituels qui nous accompagnent et nous orientent, des prêtres qui nous accueillent dans le secret d'un confessionnal... Oui, les anges sont aussi tous ceux-là qui nous sont mystérieusement envoyés par Dieu, qui nous aident, nous accompagnent, et nous guident, qui sont présents à côté de nous dans toutes les tentations dès lors que nous ne les imaginons pas nécessairement avec des ailes !

La sobriété des propos de Marc sur les tentations de Jésus pourrait bien avoir un autre but, celui de mettre l'accent sur l'annonce de l'évangile comme si le baptême et le passage au désert étaient des circonstances secondaires : cet évangile commence par la prédication du Baptiste et, une fois le baptême et les tentations de Jésus très brièvement évoqués, se poursuit par la prédication de Jésus. Ce faisant, Marc nous rappelle que notre commune vocation, à Jésus comme à nous, est d'être des hérauts de l'évangile, dans un monde qui en est loin ou le refuse, et dans lequel nous apparaissons totalement démunis : tel est le sentiment de nombreux chrétiens à l'approche des lois bioéthiques par exemple. Et notre commune tentation serait de baisser les bras : on ne nous écoutera pas, les dés sont déjà jetés...

Si nous pensons ou disons cela, c'est parce que nous comptons sur nos propres forces, mais il pourrait en aller très différemment si nous nous ouvrons pleinement à l'amour de Dieu, et si nous comptons sur le soutien des anges que Dieu nous envoie.

# Créer l'événement ou écrire l'histoire

## 24 février 2018

Les moyens de communication actuels favorisent, pour la plupart d'entre eux, une information événementielle, laquelle laisse finalement peu de traces : dès lors qu'un événement succède rapidement à un autre événement, la marque éventuelle laissée par l'un d'entre eux s'efface très vite. Que faut-il donc à l'événement pour devenir histoire ?

La première caractéristique d'un événement, je dirais ce qui permet de le qualifier d'événement, est sans doute sa singularité : l'événement rompt une chaîne, dont il se distingue. A ce titre, innombrables sont les événements, y compris dans la vie de chaque personne : la première dent, l'entrée en sixième ou la réussite au bac, le mariage ou l'ordination, et que sais-je encore. Mais tous ces événements, notables au moment où ils se sont produits, ne font pas pour autant une histoire : une grande partie est vite oubliée.

C'est ici qu'intervient la deuxième caractéristique de certains événements : ils sont répétitifs ou se prolongent dans le temps. Pour prendre un exemple peut-être un peu trivial, Roger Federer n'était rien d'autre à ses débuts, lors de ses premiers succès, qu'un bon tennisman qu'on aurait pu oublier très vite : le premier tournoi qu'il a gagné fut un simple événement. Mais la répétition, et sa réputation publique de gentleman, ont transformé l'événement en un phénomène durable qui permettent de dire que Federer aura tracé sa route dans le tennis et marqué l'histoire de ce sport.

Il existe toutefois une autre caractéristique, un peu plus cachée, de l'événement qui le transforme presque sûrement en histoire : non pas tant sa durée, mais son « épaisseur », ou sa profondeur, vécue dans une continuité. Et c'est sous cet éclairage qu'il faut lire Jésus, le christianisme et, finalement, toute vie chrétienne. Les historiens sont là pour en témoigner : la naissance de Jésus en Terre Sainte n'a guère laissé de trace notable, du moins au moment où elle s'est produite. L'évangéliste Jean, qui écrit un peu plus tard que les autres, le reconnaît : « *Le Verbe était la lumière véritable, qui éclaire tout homme ; il venait dans le monde. Il était dans le monde, et le monde fut par lui, et le monde ne l'a pas reconnu. Il est venu chez lui, et les siens ne l'ont pas accueilli* » (Jn 1,9-11). Et certains auteurs chrétiens soulignent que Jésus a traversé les cieux pour venir sur terre sans être même reconnu des anges !

Et pourtant, force est de reconnaître que Jésus a marqué l'histoire, au point que l'on établit dans les pays occidentaux une chronologie de tous les événements en fonction de la date assignée à sa naissance. Osons le dire, Jésus seul n'y a pas suffi : il a fallu au point de départ la résurrection, bien sûr, sans laquelle « *vaine est notre foi* » (1 Co 15,17), mais il a fallu ensuite le témoignage des apôtres, et, tout, au long de l'histoire, des saints : tous ont concouru et concourent encore à tracer un unique sillon. Avec eux, l'événement de l'incarnation, de la mort et de la résurrection de Jésus est devenu histoire.

Cela n'est pas sans conséquences pour nous aujourd'hui. Nous sommes tentés, dans notre monde occidental et au-delà de lui, de « créer l'événement », de nous singulariser, et peut-être de regretter que l'Église catholique ne fasse pas la Une des journaux. Mais ce faisant, nous ne traçons aucun sillon, nous plantons au mieux quelque piquet. Et du coup, pour reprendre une expression connue et utilisée dernièrement par Fabrice Hadjadj dans sa première conférence de Carême de l'année 2018, nous jouerions la carte du temps court : ce à quoi nous invite notre environnement. Or la carte de Dieu, celle qui fait vraiment l'histoire, est celle du temps long. C'est là que se mesure la grandeur d'une vie chrétienne, et son impact historique.

# Le mensonge offre un boulevard au Mal

1<sup>er</sup> mars 2018

Sur un blog (*Proveritate*) dont le titre contient le mot vérité, on ne s'étonnera pas que je puisse partir en guerre contre le mensonge : il atteint aujourd'hui tant de monde, et tant de formes...

Le mensonge le plus connu, et le plus évident, est celui qui consiste à dire blanc quand c'est noir, ou l'inverse. Et pour corser le tout, à le dire « les yeux dans les yeux » ! Je ne parle donc pas du mensonge de l'enfant, mais de celui devenu si commun quand il s'agit de défendre une position, ou plutôt une situation que l'on risque de perdre. La perte n'est même pas une « perte sèche » quand on sait qu'elle sera souvent compensée par un ou plusieurs membres de tel ou tel réseau. C'est donc plus qu'une malhonnêteté, c'est une lâcheté insupportable. Cela devient malheureusement très fréquent, trop fréquent, dans les milieux politiques, artistiques, et même parfois ecclésiastiques.

Mais il est un autre mensonge, plus subtil, moins direct, que j'ai déjà dénoncé sur ce blog en reprenant le propos d'un journaliste israélien, Gideon Lévy, qui évoquait le « *blanchiment des mots* ». Seul le ridicule est engagé quand il s'agit de traiter de « capilliculteur » un coiffeur. Mais la volonté de mentir est bien là lorsque les morts sont qualifiées de « dégâts collatéraux », les guerres transformées en conflits, les avortements déguisés en IVG ou IMG, et bien d'autres qui cachent des réalités douloureuses afin de les aseptiser, mais aussi d'éviter qu'on ne juge ou même ne condamne. Circulez, il n'y a rien à voir ni à penser !

Tout cela touche les mots, mais le mensonge se manifeste aussi dans les attitudes. La plus terrible est aujourd'hui à mes yeux celle qui s'autoproclame martyr, quand elle n'est rien d'autre qu'un assassinat collectif. Il faut pour ses protagonistes, et je ne parle pas seulement de ses auteurs qui sont parfois des adolescents ou même des enfants, une conscience personnelle complètement faussée par l'idéologie ou bien encore inexistante. C'est à l'islamisme que je pense bien sûr ici, mais il n'est pas seul à travestir de la sorte la vérité.

En tout cas, avec le foisonnement et la diversité du mensonge, je finis par me demander si n'agit pas dans l'ombre une « force du mal » ! Je n'écris pas Satan, sur lequel je me suis prononcé à plusieurs reprises : en ce dernier, une créature, je reconnais le Tentateur, mais non pas exactement le Mal, plus subtil, un non-être, un vide, ou même un gouffre qui tient hélas une grande place dans notre monde. Et l'on comprend que le Mensonge, qui crée un gouffre entre les hommes, entre les mots et la réalité qu'ils représentent, offre de tout temps un boulevard au Mal.

# Différent, et alors ?

15 mars 2018

Dans le réseau Facebook très vaste constitué par les parents d'enfants dits « à particularités », nombre de ces parents, reconnaissant le côté « différent » de leurs enfants, se proposent de lutter contre la perception fausse ou faussée qu'en a notre société occidentale : ils cherchent donc à changer le regard des gens. Pour connaître aujourd'hui plusieurs de ces parents, j'admire leur ingéniosité, leur élan, leur opiniâtreté dans un combat difficile, et en suis édifié. En même temps, je m'interroge !

Non pas sur l'utilité d'un tel combat, absolument nécessaire, mais sur sa « réduction ». Il me semble en effet que leur enfant différent n'est pas seulement ostracisé pour sa différence, mais aussi pour sa fragilité qui pourrait le rendre improductif dans une société essentiellement gouvernée par la fameuse « course au profit ». Je sais bien que plusieurs magnifiques tentatives sont faites, par exemple à destination des porteurs de trisomie, pour les « intégrer » : mais elles prouvent par leur existence même que cette intégration ne va pas de soi.

Dès lors, ce n'est pas seulement l'enfant différent, dont l'exemplaire type est de fait le porteur de trisomie, qui est négligé, tourné en dérision (« gogol ») ou même mis à l'écart, mais avec lui l'handicapé, le vieillard, le chômeur, le

SDF, l'immigré etc. Il n'est donc à mes yeux pas étonnant du tout que dans un même mouvement, les personnes travaillant en EHPAD, dans d'autres maisons de retraite, dans les hôpitaux, dans les centres de soins palliatifs, dans l'accueil des immigrés, et tant d'autres, manifestent et réclament plus de « moyens ».

Il ne s'agit donc pas seulement d'un problème de regard sur celui qui est différent, même si ce problème existe, mais aussi du fonctionnement d'une société où le rendement de l'argent est roi, où seules brillent les paillettes, où la dimension humaine et spécialement relationnelle s'estompe, où le désir ne connaît pas de bornes comme le montrent toutes les folles demandes nées du progrès scientifique.

Quand on est devant un tel problème, aussi vaste, il est difficile, très difficile de savoir comment faire face. Le plus souvent hélas ! notre société ne propose rien d'autre qu'une fuite en avant, dans le plus technique, le plus immédiatement rentable qui n'est certainement pas le plus éthique : le débat qui oppose soins palliatifs versus euthanasie en est un exemple criant ! Retour dramatique en arrière vers Sparte qui « exposait » ses enfants les moins porteurs d'espérance...

Il y a mieux à faire sans doute. Déjà en proposant une information droite : autrement dit non biaisée par la peur ou le seul souci économique. Dans les domaines de l'enfant différent, de l'immigration et de la pauvreté (gros travail peu connu fait par ATD Quart Monde...), de la bioéthique (voir les fiches produites par la Conférence épiscopale de France ou le site de la SFAP pour les soins palliatifs), ce n'est pas rien. Mais surtout en reconnaissant qu'il n'y aura de véritables changements qu'avec ceux des mentalités et des usages, en particulier sur la gestion des ressources, des revenus et des biens, en vue de considérer les plus fragiles, les moins productifs : parce que leur intégration fait la véritable force d'une société. Dans cette perspective, les propositions du pape François dans son encyclique *Laudato Si*, celles égrenées au fil des numéros de la revue *Limite*, et d'autres encore devront s'imposer.

L'écologie dans toute son ampleur, autrement dit intégrale et.. intégrant donc l'attention aux plus fragiles, n'est pas un point de vue, ni même un mouvement mais une nécessité qui s'impose et s'imposera de plus en plus à tous.

# Table des matières